BREVE RELATO
DE LA HISTORIA DE
MÉXICO

BREVE RELATO DE LA HISTORIA DE
MÉXICO

◆ DE LOS OLMECAS AL SIGLO XXI ◆

KATHRYN S.BLAIR

Planeta

Diseño de interiores: Fernando Ruiz
Diseño de forros: Ramón Navarro

Título original: *Forging a Nation: A Story of Mexico From the Aztecs to the present*

© Kathryn S. Blair

© Traducción: Rosa Fernández de Petrovich

Derechos reservados

© 2019, Editorial Planeta Mexicana, S.A. de C.V.
Bajo el sello editorial PLANETA M.R.
Avenida Presidente Masarik núm. 111,
Piso 2, Polanco V Sección, Miguel Hidalgo
C.P. 11560, Ciudad de México
www.planetadelibros.com.mx

Primera edición en formato epub: septiembre de 2019
ISBN: 978-607-07-6131-7

Primera edición impresa en México: septiembre de 2019
Segunda reimpresión en México: septiembre de 2021
ISBN: 978-607-07-6132-4

Impreso en los talleres de Impregráfica Digital, S.A. de C.V.
Av. Coyoacán 100-D, Valle Norte, Benito Juárez
Ciudad De Mexico, C.P. 03103
Impreso y hecho en México – *Printed and made in Mexico*

Índice

Capítulo I

Creación de la tierra

Desde la creación de la Tierra, fuerzas misteriosas se han agitado en su núcleo y fenómenos cósmicos la han afectado periódicamente. Desde que el hombre caminara erecto miró hacia el cielo con asombro y fascinación, y desde entonces continúa maravillándose ante esa bóveda celestial.

Los pueblos indígenas de México miraban siempre hacia arriba, hacia el cielo. Era la morada de los dioses que regían los elementos de los que dependía su existencia. El español del siglo XVI, por el contrario, enfocaba su atención hacia abajo, hacia la tierra buscando respuestas materiales. Su dios había caminado en la tierra.

El entorno

Desde la punta austral de Sudamérica, la imponente cadena de los Andes bordea la costa de Pacífico y corre hacia el norte desde las cumbres nevadas hasta el ecuador. En el istmo de Panamá desciende hacia el mar separando el continente, levantándose de nuevo formando volcanes y altas montañas a través de Centroamérica. Ahí comienza a ensancharse América del Norte y esta impresionante cadena montañosa se divide en dos ramales: la sierra Madre oriental y la sierra Madre occidental, creando entre ellas una vasta meseta.

Al cortar sus escarpadas y abruptas rutas a través de México, estas imponentes cadenas dividen al país en regiones aisladas, separadas y distintas. A consecuencia de ello se formaron más de ciento sesenta lenguas y culturas diferentes. El mismo paralelo y la misma montaña albergan alturas de nubes perpetuas y junglas tropicales. Campos de maíz crecen en las laderas verticalmente, desafiando la ley de la gravedad.

Norte árido, sur verdeante, montañas precipitándose hacia amplias playas tropicales. Tormentas violentas azotan el golfo de México mientras cálidas brisas acarician las costas del Pacífico. Valles escondidos están protegidos por montañas, entre cañones y profundas barrancas. Pocos lagos, pequeños, y aún menos ríos, navegables sólo en cortos tramos. Suelo desnudo y estéril en las áreas planas y polvorientas, barrido por tormentas de arena e inundaciones intempestivas, tierras áridas restos de erupciones volcánicas, donde abundan los cactus y los matorrales espinosos. Al cruzar un barranco, un arroyo alimenta un valle exuberante. El agua es escasa. Densos bosques de pinos cubren parte de la ladera de una montaña, y erosionados declives la otra. Un mosaico de altitudes, vegetación diversa y climas contrastantes constituyen esta parcela del planeta llamada México.

Los primeros pobladores

Hace unos siete mil años nómadas cazadores-recolectores circulaban por todo México. Hacia el año 3000 a. C. empezaron a asentarse como pueblos. El primer pueblo en dejar alguna evidencia importante de su existencia en Mesoamérica fue uno desconocido: los olmecas. En el 1200 a. C. se asentaron en los bosques de las tierras bajas a lo largo de la costa del golfo de México, donde el continente norte se achica en forma de embudo. Su religión se basaba en el mundo natural y cósmico, y el poderoso jaguar era su dios. Los olmecas crearon grandes centros ceremoniales, idearon un calendario y construyeron canales de irrigación, expandiendo su cultura hacia el norte hasta el valle de Anáhuac, donde se asienta la Ciudad de México hoy en día.

En el estado de Tabasco, al sur, dejaron cabezas de piedra gigantescas, para asombro y perplejidad de futuros arqueólogos. Esculpidas en basalto y de cerca de tres metros de altura, estas cabezas presentan características extraordinarias: cascos, gruesos labios, narices anchas y ojos oblicuos. Todavía hoy se debate el origen de este extraordinario pueblo olmeca.

Al sur de Tabasco, en la parte más meridional de México, surge una península: Yucatán. Las aguas tranquilas y claras del mar Caribe bañan sus costas. Olas color turquesa acarician sus blancas playas, y la selva tropical techa la jungla contigua que cubre cualquier vestigio humano. Aquí floreció y desapareció la gran civilización maya.

En algunos valles fértiles existen rastros que datan del año 2000 a. C., pero fue en el periodo Clásico de la historia precolombina, entre 250 y 900 d. C., cuando se desarrolló y floreció esta gran civilización hasta alcanzar su cenit. Abarcando una amplia área, una geografía diversa, y vegetación y recursos minerales varios, la necesidad de comerciar se hizo imprescindible para los pueblos mayas. Se creó una red compleja de ciudades-Estado (1), con sus templos de piedra que surgían por encima de la bóveda de la jungla. Carreteras de blanca arena, trazadas a través de Mesoamérica, conectaban ciudades que abarcaban Yucatán, Quintana Roo y Chiapas en México, toda Guatemala, y partes de El Salvador, Honduras y Belice en Centroamérica.

Los señores de estas ciudades-Estado reivindicaban su linaje heredado de los dioses. Su gran destreza como arquitectos y astrónomos los llevó a desarrollar un calendario tan exacto como el gregoriano. Su uso del cero y sus cálculos matemáticos preceden a los conocimientos indostanos. El cero es la nada de la cual todo empieza. La religión, el arte, la política y la guerra tejían el patrón vital de los mayas. Leían el futuro observando los ciclos cósmicos: las cosechas se sembraban, crecían y se recolectaban al repetirse las estaciones, cada una nutriendo a la otra, como el nacimiento y la muerte. El hombre nace de la tierra, pero aspira al cielo. Creían que su tránsito aquí es para aportar luz al misterio de la existencia. Tal como los antiguos egipcios, los mayas desarrollaron un complejo sistema de escritura pictográfica. La historia debía ser preservada para predecir el futuro. Y para comprender su destino creían que el hombre debía estudiar el cosmos. Ahí estaba escrito el futuro.

Mientras tribus migratorias se asentaban y prosperaban en las mesetas de México, la jungla se apoderó de la civilización maya; su disipación no ha sido todavía explicada satisfactoriamente.

Hacia el principio del primer milenio d. C. en la alta planicie central surgieron nuevos centros agrícolas, sociales y religiosos que empezaron a dominar la región. La gran metrópoli de Teotihuacán floreció y decayó en este periodo Clásico. Maestros de la construcción, dos grandes pirámides dedicadas al sol y a la luna, respectivamente, dominaban el centro ceremonial, de varios kilómetros cuadrados.

En Oaxaca, los agricultores mixtecos y los zapotecos utilizaban sistemas de irrigación y trazaban los movimientos celestiales. Para fines del milenio la civilización decayó y se esparció.

Durante unos tres mil años diversas culturas dejaron magníficas estructuras desde los valles del altiplano hasta la región tropical de México; la Venta en el estado de Tabasco; Tajín en Veracruz; Teotihuacán y Tula cerca de la Ciudad de México; Monte Albán y Mitla en Oaxaca; Palenque, Uxmal, Chichén Itzá y Tulum en el sur de México son sólo algunas de las principales. Pero lo más importante es que dejaron hondas huellas en la psique del pueblo mexicano.

¿Quiénes eran estos pueblos? ¿Cómo llegaron? Muchos estudiosos han especulado si serían tribus asiáticas que atravesaron la parte norte del mundo por el estrecho de Bering y que emigraron durante miles de años hacia climas más benignos. Thor Heyerdahl sugiere que los pueblos que se asentaron en el Golfo llegaron en balsas desde África del Norte. ¿Podrían ser los mayas la tribu perdida de Israel? ¿Cruzaron algunos el Pacífico desde la India o China? Una cosa es cierta: estos clanes, tribus e imperios crearon su propio mundo, ellos mismos y por sí mismos. Hasta antes de que llegaran los españoles no conocían otra realidad.

El valle de Anáhuac

En México, un país de geografía áspera y dura en general, la altitud cuenta más que la latitud: región fría en la cima de la montaña, caliente en la base. En la vasta extensión de la República, un lugar es privilegiado sobre todos los otros: el altiplano central, una meseta surgida del rigor volcánico hace miles de años cuando la sierra Madre se dividió en dos ramales. Como una herradura gigantesca, el valle de Anáhuac corona la llanura central. Dos volcanes de cimas nevadas adornan el panorama proyectando su silueta abrupta contra el cielo anteriormente azul intenso, cristalino y transparente. Cinco lagos poco profundos reflejaban las montañas que se alzan desde el valle. La luz del día palidece rápidamente, cuando el sol irrumpe en el cielo en una explosión de gloria y desaparece.

El valle de Anáhuac se llama hoy el valle de México. Invierno y primavera secos transforman el verde paisaje en ocre-café. Luego aparecen nubes luminosas y una larga estación de lluvias nutre la tierra apergaminada donde se asienta la Ciudad de México. Es aquí donde, en una isla, fundaron los aztecas su ciudad-templo, Tenochtitlán, en 1325 d. C. A una altitud de 2 200 metros el clima era seco y templado, y el aire enrarecido refractaba la luz deslumbrante. Cuando Cortés conquistó a los aztecas en 1521, México-Tenochtitlán ofrecía una vista fascinante de templos, canales y calzadas. Sin embargo, para cuando se logró la independencia trescientos años más tarde, los lagos casi habían desaparecido, drenados o rellenados por los novohispanos, quienes construyeron la capital barroca de la Nueva España sobre las ruinas de las estructuras geométricas y multicolores de los aztecas.

Anáhuac: lugar de imperios antiguos, sede de la poderosa Nueva España, sede de la capital de la República de México. Hoy en día, la Ciudad de México se extiende en todas direcciones oscureciendo a veces con el esmog la visibilidad para apreciar las montañas y obstaculizando las nuevas avenidas con el enorme tráfico. Calor al sol. Fresco a la sombra. Días cálidos. Noches frías. Luz brillante, sombra oscura. La luz cambiante mezcla lo visible y lo invisible en el valle de México, creando una realidad ficticia.

Llegada de los aztecas

Hacia el año 1260 d. C. una tribu de vagabundos andrajosos, conocidos como los mexicas, buscaba un lugar para asentarse en el altiplano central de México. Habían vagado durante dos siglos sin tierra, sin amigos y perseguidos, guiados por su sacerdote-astrólogo Ténoch. El nombre mítico de Aztlán, un sitio de donde habían partido en algún lugar del lejano del norte, era como un débil recuerdo mientras emigraban siempre hacia el sur, guiados por su divinidad Huitzilopochtli, su dios-mago. Generación tras generación una guardia de élite llevaba en una litera a su dios de piedra, quien les ordenaba plantar maíz, violar, robar, hacer la guerra y seguir hacia la tierra prometida donde encontrarían en una isla un águila en un nopal con una serpiente en su pico. Saldrían centellas de sus ojos de piedra en caso de que se rebelaran o que se cansaran de viajar. Exigía sangre humana en sacrificio para que el sol continuara dando vida a la tierra.

Despojados de una cultura propia, y ante la necesidad de sobrevivir, los mexicas habían robado, matado y observado. Al pasar por la tierra de los toltecas llegaron a la ciudad de Tula, magnífica muestra cultural de la generosidad del dios Quetzalcóatl, el dios sol de los toltecas, cuyo símbolo era la serpiente emplumada que unía la tierra y el cielo. Centinelas gigantes guardaban su templo. Este gran dios había proporcionado a su pueblo conocimientos y sabiduría nunca vistos. Además, se decía que había vivido antiguamente entre ellos como un hombre blanco que predicaba en contra de los sacrificios humanos. Los toltecas sucumbieron en el año 1100 d. C. y hasta hoy no se conoce la causa de su desaparición. Con la distancia de dos siglos, los mexicas conservaban la historia tolteca como propia.

Tras captar el impacto de la cultura tolteca en la región, los mexicas continuaron su camino. Desde lo alto de una montaña contemplaron el centro ceremonial de Teotihuacán, abandonado y con sus dos pirámides monumentales cubiertas de maleza (2). Este pueblo del sol había sufrido incursiones de tribus seminómadas y había abandonado su metrópoli en el año 750 d. C., dejando allí solamente leyendas pasadas de generación en generación. Igual que para los toltecas, su dios era Quetzalcóatl. Los mexicas tomaron nota y siguieron caminando, cargando con su propio dios-guerrero estoico. La tierra prometida se encontraba más adelante, en el lugar donde las aguas resplandecían.

1269: Era el año de la celebración del Fuego Nuevo, el antiguo rito que marcaba un ciclo de cincuenta y dos años y un nuevo comienzo,

Tras un día de larga caminata Tízoc, un joven guerrero mexica, se puso en cuclillas y dejó volar su imaginación mientras observaba obscurecerse el cielo. Algunas nubes iluminadas por el sol poniente parecían lagos de aguas brillantes. En su imaginación vio una ciudad resplandeciente llena de canales e islas, que se formaba en las nubes. ¿Acaso estaba cerca de su destino final? De repente una lengua de fuego surcó el cielo y fue devorada por las aguas celestiales. Asustado, Tízoc corrió a resguardarse en los árboles.

En la ciudad de los canales, en el oriente lejano allende los grandes mares, un joven veneciano que observaba el firmamento sintió una gran emoción al ver aparecer un brillante haz de luz, que desapareció tras algunos instantes. El joven provenía de una familia de exploradores y soñaba con conocer tierras exóticas. En el año 1271 su sueño se hizo realidad. El joven Marco Polo partió con su padre y su tío hacia la China, la fabulosa tierra desconocida. Viajando por barco, a caballo y a pie, escalando montañas y atravesando vastos desiertos entraron en el imperio de Kublai Kan. Allí permanecieron como huéspedes de honor durante veinticuatro años, en los que, gracias a los privilegios que se les otorgaban a los embajadores, se les permitió viajar y aprender todo lo que quisieran dentro del imperio. En 1295 regresaron a Venecia contando historias fantásticas de aquel país lejano y trayendo muestras de especias y sedas exóticas.

En Venecia, Marco Polo estaba inquieto e impaciente. Fascinado por el mar había estudiado cartas, mapas y gráficas convencido de poder encontrar, navegando, una ruta más corta al Oriente. La guerra con Génova era inminente, y se alistó como capitán de una galera veneciana en la poderosa flota adriática. Su carrera fue corta, pues Marco Polo fue capturado y encarcelado por los genoveses.

Otro personaje entró a compartir el pequeño calabozo en el que se encontraba Marco Polo: Rustichello de Pisa, un joven inteligente, culto, lingüista… y, sobre todo, buen oyente. Durante un año escribió las historias que Marco Polo contaba de sus viajes extraordinarios. Cuando los prisioneros fueron puestos en libertad, Rustichello compiló un libro acerca de las maravillosas aventuras de Marco Polo.

Para el año 1325 el libro había causado gran sensación en Europa, una Europa que apenas estaba rompiendo las cadenas medievales.

El águila y la serpiente

Furtivamente los mexicas habían entrado al valle de Anáhuac en 1269, año del Fuego Nuevo, un rito de renovación practicado cada cincuenta y dos años. Pero todavía no podían encontrar el anhelado descanso. Continuaron tozudamente hasta el lugar en que aparecían cinco lagos. De repente, un transparente cielo azul se reflejó en las aguas del lago de Texcoco y los mexicas lloraron de alegría desde la ribera. Los altos campos de maíz indicaban la presencia de ciudades-Estado poderosas, circundando los cinco lagos. Pero los ojos de los mexicas no se apartaban de su sacerdote-astrólogo Ténoch, quien indicaba hacia la señal tan esperada: ahí, en una isla pantanosa, se veía un águila posada en un nopal, con una serpiente en su pico (3).

¡Habían llegado! Aquí fundarían su gran ciudad de los dioses, Tenochtitlán. La ciudad crecería, plantarían maíz y recolectarían ricas cosechas. Se alegrarían con la plata y el oro, las piedras preciosas y las plumas brillantes. Desde aquí conquistarían los cuatro rincones del mundo. Construirían grandes templos: a Huitzilopochtli, que los había sabido conducir desde el yermo; a Quetzalcóatl, el dios Sol dador de vida; a Tláloc, el dios de la lluvia, y a muchos otros dioses que gobernarían su vida diaria. Sacrificarían prisioneros y esclavos para satisfacer a sus dioses. Despojarían y cobrarían tributos a los pueblos conquistados y crearían un estado cuyo esplendor no tendría igual. Serían conocidos como los aztecas y dominarían las inmensas tierras de México. Así estaba escrito (4).

Vadeando las aguas llenas de maleza, los mexicas se lavaron el polvo de su largo viaje. Después, silenciosamente, el pequeño grupo se introdujo al antiguo bosque de Chapultepec y compartió el agua fresca y dulce de un manantial en el cerro.

En el año 2 Casa, 1325, los mexicas se asentaron. Construyeron un templo rudimentario de adobe para albergar a Huitzilopochtli, en la isla donde habían visto el águila. Habían sobrevivido tras largos y pesados años de camino. Los arrogantes habitantes de las ciudades-Estado vecinas los llamaron la tribu de los «hombres-perro». Fueron expulsados de Chapultepec, los enviaron a lugares desiertos y los atacaron cruelmente. Pero sus años de nómadas les habían enseñado a vencer las adversidades y la terrible voz de su dios demandaba sangre. Habían probado ser excelentes guerreros. Finalmente, sus enemigos les concedieron un terreno volcánico y rocoso, infestado de reptiles cerca de las riberas del lago de Texcoco, el mayor de los cinco lagos del valle.

Los mexicas se comieron las serpientes, eliminaron esa amenaza y empezaron a construir islas en las partes poco profundas del lago.

En una soleada mañana en 1373, Tezozómoc, nieto de Tízoc, el joven aventurero, construía su tejado con juncos del pantano. Su casa y la de su clan estaban en una pequeña isla cerca de la orilla. Era un buen lugar, había peces, aves y cañas en abundancia. La joven esposa de Tezozómoc y las otras mujeres tejían enormes esteras que los hombres atarían posteriormente a estacas clavadas en el fondo del lago, poco profundo, y así formarían una estructura en forma de canasto. Las esteras cercarían una parcela llena de rocas, hierbas y barro. Los árboles se enraizarían y se podría plantar y recolectar pronto el maíz en sus islas «flotantes». Ya existía una red de canales que unían los plantíos de maíz de los distintos clanes.

Un alto templo de piedra resplandecía en el centro ceremonial en la isla principal, coronado por dos estructuras gemelas que albergaban al Dios de la Guerra y al Dios de la Lluvia, las dualidades que regían la vida de los aztecas. Tezozómoc y miembros de otros clanes acababan de pintar con colores minerales molidos y estuco blanco el templo piramidal, festoneándolo de rojo brillante, amarillo y negro. Se habían encendido los fuegos sagrados para dar la bienvenida al nuevo ciclo de cincuenta y dos años. Había que quemar todo lo viejo. Las esteras, la cerámica nueva, y los metates ya estaban listos para ponerlos en las casas. Tezozómoc pensaba complacido que también su casa estaría lista para recibir un hijo pues seguro que iba a ser un varón. Continuó trabajando sin descanso hasta que el Dios Sol comenzó su viaje nocturno.

De repente el suelo tembló y cayeron cenizas del cielo (5). Tezozómoc, atemorizado, vio una gran lengua de fuego surcando el espacio hacia el poniente. Un viento intenso hizo que sujetara fuertemente las cañas de su tejado, el agua que circundaba la isla parecía arder.

—¿Qué es esto? —gritó Tezozómoc.

—¿Qué significa esto? —gritaron las mujeres.

Al otro lado de las grandes aguas, hacia el este, Europa había comenzado a comerciar con las antiguas tierras de Gengis Kan. Su riqueza y enormes dimensiones presentaban oportunidades en un mundo hasta entonces desconocido. Caravanas cruzaban las grandes extensiones de Asia luchando contra los elementos y los merodeadores, para llevar de regreso objetos preciosos y valiosos. Especias, sedas, brocados, marfil tallado, lacas y porcelanas eran solicitados en las cortes de Europa y entre la nueva clase de mercaderes adinerados. Entre las cosas traídas por estos mercaderes había un polvo muy poderoso que ardía rápidamente y que al ponerse en una cápsula explotaba lanzando un proyectil al aire.

Antes de su muerte, Tezozómoc llegó a ver a su hijo vestir la túnica de Sumo Sacerdote. Negra, larga y bordada con cráneos, la capucha ocultaba el cabello áspero y mate que colgaba en capas más allá de sus hombros. Sus ojos azabache resaltaban en su cara oscura y tersa y su nariz prominente daba un aire de dignidad a su alta figura. Su cabeza contenía toda la sabiduría y conocimientos tras haber estudiado profundamente los signos astrales y astrológicos. En su mano, una daga de obsidiana de la que escurría el precioso líquido de la vida. Obsidiana y sangre, negro y rojo, oscuridad y luz; había que mantener el ritmo de la noche y el día. Alimentar a los dioses para que ellos los alimentaran. El sacrificio era un medio de vida. Lentamente el pregonero levantó su brazo derecho y sopló en su concha de caracol. Una larga nota lúgubre recorrió los canales de Tenochtitlán.

Colón

A principios de siglo xv navegantes portugueses comenzaron a explorar la costa de África buscando un camino más corto hacia las «islas de las Especias». Entre ellos se encontraba un joven genovés.

En 1469 la boda de Isabel de Castilla y Fernando de Aragón unió los reinos más poderosos de España bajo una misma corona.

Su poder echaría a los moros del territorio español tras 700 años de ocupación. Eliminaría el Islam y unificaría la península bajo el cristianismo. Los Reyes Católicos establecieron la Santa Inquisición como un departamento de su gobierno para fortalecer la monarquía y purgar de herejes y judíos a su pueblo. El edicto era: «Confiesa a Cristo o vete al destierro». La Inquisición tenía lazos con el papa, pero no estaba bajo su jurisdicción.

El joven e inquieto genovés había leído acerca de los viajes de Marco Polo. Había estudiado también las teorías de los geógrafos y los reportes de los marinos. «Si navego hacia el oeste, llegaré al oriente, era la idea que bullía en su cabeza». Había seguido con atención los viajes de los portugueses en una nueva nave, la carabela, que era rápida contra el viento. Habían navegado por la costa de África hasta lo que después sería el ecuador. En 1488 los portugueses habían doblado el cabo de Buena Esperanza para llegar a la India, Indonesia y China, el preciado Oriente. Portugal se consideraba dueño de la ruta comercial con el Oriente. El tiempo apremiaba. Cristóbal Colón sabía que había una ruta más corta. Creía firmemente en su destino. ¡Debía hacerse a la mar! Tenía que encontrar un patrón que financiara su expedición.

En 1477 Colón había visitado Lisboa, la capital más animada de Europa. El rey de Portugal había escuchado su plan y lo había rechazado. «Es costoso y poco práctico», le habían aconsejado sus expertos. Colón escuchó repetir esa frase una y otra vez durante varios años. Finalmente en 1482 presentó su plan a Isabel y Fernando, pero la guerra contra los moros absorbía la atención de los reyes de España en ese momento.

Astrónomos aztecas estudiaban una nueva constelación de estrellas que apuntaba con certeza hacia el este de Anáhuac. «¿Qué existía más allá de las grandes aguas hacia el oriente?», se preguntaban. «¿Qué peligro acechaba allí?».

Los tambores sonaban, las canoas llenaban los canales, la gente sollozaba en la gran plaza de Tenochtitlán. En 1468 Moctezuma

Ilhuicamina I había muerto. Durante los treinta años de su reinado este astuto guerrero-estadista había expandido el imperio azteca al este de los volcanes nevados hasta el lejano reino de los mayas en Yucatán. Posteriormente había llevado sus ejércitos hacia el valle de Oaxaca, a unos mil kilómetros hacia el sur y sometido a los reinos de los mixtecas de esa región. La astucia de Moctezuma I igualaba a la de Maquiavelo. Con el pretexto del comercio observaba la riqueza y el poderío de una ciudad, establecía lazos comerciales, y después lanzaba un ataque sorpresa, conquistaba y demandaba tributo. Los nuevos gobernantes eran temidos y odiados, pues saqueaban los pueblos, robaban las mujeres, golpeaban y humillaban al vencido. Los ejércitos vencedores regresaban triunfantes a Tenochtitlán llevando una larga fila de cautivos atados y encadenados, cuyo destino era la esclavitud o el sacrificio a los dioses. Cuando una ciudad era conquistada se establecía ahí una guarnición para ejecutar las órdenes de Moctezuma I.

Grandes riquezas comenzaron a llegar a Tenochtitlán a consecuencia de los tributos: oro, plata, jade, obsidiana, piedras preciosas, madera, cal para la construcción, textiles en gran cantidad, plumas preciosas, mariscos exquisitos traídos desde las costas por corredores en relevos, perlas, miel, aguacates, frutas tropicales, tabaco para las pipas de los grandes señores, plantas, flores y árboles floridos para los jardines de los nobles, animales para sus colecciones, pájaros exóticos para las grandes pajareras, armaduras acolchadas y otros pertrechos de guerra, etc. Uno de los tributos más apreciados era la semilla de cacao, de donde se hace el chocolate, y que constituía un producto muy utilizado en el sistema de trueque.

En poco más de cien años los humildes mexicas se habían vuelto los señores de la tierra.

Bajo Moctezuma I abundaba el trabajo. Sin poseer bestias de carga, los medios de transporte eran la espalda humana, las canoas y piraguas. El trabajo en el Templo Mayor continuaba sin descanso y cada gobernante cubría los muros con otro exterior, de mayor tamaño, a pesar de que los trabajos habían sido afectados por las frecuentes inundaciones y los años de hambre. Los dioses habían dotado a un hombre de una inteligencia y habilidad extraordinarias: Nezahualcóyotl, el rey de Texcoco, del linaje tolteca, pariente y aliado de Moctezuma. Como hábil ingeniero, inventó un sistema para controlar las inundaciones, construyó un dique de casi quince kilómetros y tres anchas calzadas que conectaban la ciudad-isla a tierra firme, fueron construidas sobre pilotes y convertidas en diques que dividían al agua salada del agua dulce del lago de Xochimilco. También se realizaron trabajos para traer agua de los manantiales de Chapultepec, por medio de acueductos. Rey, ingeniero, diplomático y poeta, Nezahualcóyotl fundó una escuela para filósofos y poetas en su palacio. Como seguidor de las enseñanzas del dios Quetzalcóatl, aborrecía los sacrificios en masa y construyó un adoratorio a un espíritu omnipotente, el dios desconocido a quien llamó: el Señor de Todas Partes. No había imágenes que representaban a esta deidad, puesto que no tenía un hogar fijo.

El cuerpo de Moctezuma I fue incinerado con sus esclavos y enterrado; ascendió al trono un joven y vigoroso rey: Axayácatl.

Cuando trató de extender su imperio hacia el poniente, Axayácatl fue derrotado por los purépechas (6), un pueblo poderoso, en una batalla devastadora. Le sucedió un hermano, quien marchó hacia el territorio pobre y seco del norte y murió en desgracia poco después. Bajo su sucesor el imperio se expandió, pero los ejércitos aztecas tuvieron que sofocar rebeliones al mismo tiempo que conquistaban nuevas ciudades-Estado.

En 1485 los sacerdotes-astrólogos observaron una estrella muy brillante en una constelación que apuntaba hacia el oriente.

Más allá de los mares, en Extremadura, España, nacía un niño del vientre de su madre con un vigoroso grito. Lo bautizaron con el nombre de Hernán Cortés.

Capítulo II

Cortés y Moctezuma

Moctezuma II (7), nieto de Moctezuma I, nació bajo signos místicos. Cuando el Gran Hechicero desenrolló el libro del destino vio augurios positivos que indicaban que el niño llegaría a una posición de liderazgo, aunque no sin antes pasar por grandes pruebas. Sería un guerrero de alto rango, impartiría justicia sabiamente y llenaría de riquezas la cámara del tesoro.

De joven fue seleccionado para estudiar en el calmécac, una institución de educación superior, privilegiada, donde los jóvenes nobles con talento aprendían ciencias astronómicas, escritura pictográfica, tácticas de guerra y a expresarse correctamente en náhuatl, la lengua apropiada para hablar a los jefes visitantes y a los dioses.

Mientras Moctezuma Xocoyotzin se preparaba para su alto puesto, la gran ciudad de Tenochtitlán experimentaba un ritmo febril de construcción para alcanzar su máxima grandeza. Se erigió un sistema de diques y se edificaron acueductos y puentes levadizos que abrían y cerraban las calzadas según llegaban amigos o enemigos. Los pintores aplicaban capas de estuco blanco y franjas de colores brillantes: azul, negro y amarillo, a los palacios, la biblioteca, los mercados, las escuelas y las casas de techos planos. El teocalli, templo piramidal, que albergaba en sendos adoratorios al pavoroso rey de la guerra, Huitzilopochtli, y al de la lluvia, Tláloc, se alzaba más de quince metros dominando el centro ceremonial de Tenochtitlán y también las vidas de sus súbditos y vasallos. Guarniciones de guerreros se habían establecido en todas las provincias, creando una red de comunicaciones desde las grandes aguas del este a las del oeste, y a través de las selvas hasta el sur más lejano.

La música de los tambores del Templo Mayor aumentaba al ritmo de los sacrificios. La cámara del tesoro rebosaba riquezas. A lo largo de las tres calzadas, filas de prisioneros entraban a la ciudad, y en la fiesta de la dedicación del Gran Templo cientos de cautivos eran sacrificados a los dioses insaciables. Pero los sacerdotes estaban intranquilos, pues al estudiar los cielos, el calendario y sus libros mágicos encontraban signos de mal augurio.

Una fría mañana de 1492 Colón, desesperado, había decidido marchar de España a Francia en compañía de su hijo. Agotados y con frío tras algunas jornadas de camino, una tarde, al ponerse el sol, la luna llena iluminó un monasterio franciscano y ahí se pararon a descansar. Fray Juan Pérez les dio la bienvenida y escuchó con atención y compasión al desilusionado genovés. El religioso había sido confesor de la reina Isabel y logró una audiencia de su visitante con ella. Colón llegó a Granada a tiempo para presenciar la rendición del último baluarte de los árabes en España.

Emocionada por la victoria, Isabel recibió al entusiasta genovés. Una visión de futuras riquezas y próspero comercio le hicieron tomar la decisión (disque vendiendo sus joyas) para financiar la expedición.

Financiados por Isabel la Católica y con una carta para el gran kan, Colón y ochenta y ocho aventureros se prepararon para viajar a lo desconocido. Sus guías eran las estrellas y un nuevo invento: la brújula. Las velas de sus carabelas se enfilaron hacia el sol poniente. Era el año 1492. En el año 1502 Colón realizaría su último viaje a América.

En 1502 Moctezuma II, noveno rey de los aztecas, ascendió al trono como «primer orador». El sol poniente era la gran preocupación de Moctezuma II y de varias generaciones de sus antepasados. La vida dependía del sol. Aparecía en la mañana, viajaba por el cielo durante el día y desaparecía a las regiones ignotas de la noche. Ahí tenía que luchar con su hermano gemelo para sobrevivir y surgir triunfante a la mañana siguiente. Todos nacían con una enorme deuda: mantener al sol vivo. Existía una dependencia mutua: alimentar a los dioses para ser alimentados por ellos.

Tal como predijeron los adivinos, Moctezuma II fue un buen rey. Era sobrio y serio de carácter, justo, temido y respetado por su pueblo. Con gran valor realizó campañas hacia las costas, logrando consolidar el este y el oeste. Pero intrigas y rebeliones plagaban su reinado y soplaban vientos de descontento y malos presagios en su imperio.

En su cuarto y último viaje, Colón había hecho contacto con los mayas. La historia de una extraña aparición en las aguas de Yucatán «como una montaña flotando en el mar» se extendió por las selvas y las montañas, y llegó a oídos de Moctezuma II.

Las Guerras Floridas, llevadas a cabo con el propósito de capturar prisioneros para los sacrificios, se estaban convirtiendo en impresionantes batallas. Moctezuma atacó a su vecino Tlaxcala y fue derrotado. Las guerras se combatían en varios frentes.

Algunos años más tarde, desde las azoteas de su palacio, Moctezuma vio un cometa tan brillante que incendió el firmamento y que parecía emanar fuego, como una gran herida en el cielo. ¿Qué presagiaba ese acontecimiento? Convocó a sus astrólogos y adivinos, pero al decir estos que no habían visto ningún cometa, Moctezuma, enojado, los mandó encerrar en jaulas.

Siguieron ocurriendo más indicios de futuros desastres: cayó nieve en Tenochtitlán, olas gigantescas surgieron en el lago en un día en calma y rompieron los diques, nació un niño con dos cabezas, comenzó una nueva guerra contra Tlaxcala en 1515 y las derrotas se sucedieron una tras otra. Los capitanes fueron despojados de sus honores y de sus rangos. Otro desastre fue la división en las filas de su aliado Texcoco, la gran ciudad-Estado, a pesar de que su jefe y muchos señores nobles eran parientes de Moctezuma II (8).

Desde niño a Hernán Cortes le habían intrigado las historias de los navegantes, de los viajes de Colón, y la existencia de las nuevas islas al otro lado del mundo.

Contagiado por la fiebre de ir a las Indias, Cortés, a los diecinueve años, dejó su hogar y su familia en España para iniciar una
nueva vida en la isla La Española (Santo Domingo). Ahí vivió durante siete años como terrateniente y funcionario. En 1511 formó
parte de la expedición de Diego de Velázquez que conquistó y re-
clamó para España la isla de Cuba. Considerada la joya del Nuevo
Mundo, Cuba atrajo a gran cantidad de aventureros. Algunas expediciones hacia el oeste de Cuba habían comprobado que existía una larga franja de tierra firme. El capitán de una expedición
anterior, Juan de Grijalva, había vuelto de Yucatán en 1518 con
historias de un imperio de fábula y algunos objetos de oro para
comprobar su existencia. Hernán Cortés escuchó atentamente el
relato y decidió explorar la tierra firme. Durante ocho años había
esperado en Cuba esta oportunidad. Había llegado su momento: a
los treinta y cuatro años de edad, alto, robusto y astuto, Cortés era
un hombre notable. Era un jinete consumado, un buen militar, un
cristiano ferviente y un letrado que había estudiado en la Universidad de Salamanca y que podía leer el Libro de Horas (9) en latín.

La tierra recién descubierta se convirtió en una obsesión para
Cortés. Tenía la firme convicción de estar destinado a conquistar
un imperio inexplorado. Al igual que Colón, estaba impulsado
por un sentimiento providencialista, y en esa creencia se basaba
su mayor fuerza.

Con ingenio y diplomacia, Cortés obtuvo la autorización del
gobernador Velázquez para capitanear una expedición a tierra firme,
pero intuyendo que el gobernador iba a cancelar dicha autorización, Cortés partió silenciosamente de Cuba al amparo de la noche.

Once barcos componían su flota, y seiscientos ocho hombres,
sus fuerzas. Marineros, soldados, escopeteros, ballesteros, algunos
negros y un sacerdote conformaban una mezcla de gente de bien
y de aventureros. Completaban el equipo dieciséis caballos, cinco
perros y diez cañones.

Con viento favorable la flota cruzó rápidamente las ciento sesenta millas que los separaban de Yucatán, morada de los descendientes de la gran civilización maya.

Un firme propósito animaba a Cortés y un miedo atroz afligía a Moctezuma II.

Cortés estaba decidido a utilizar sus armas a la menor provocación u hostilidad de la población. Pero los hados le reservaban un plan mejor. Cortés recibió tres regalos inesperados: dos intérpretes y una fecha mítica para arribar a las costas de México: 1519, el año uno-caña de los aztecas.

Al oír acerca de las «grandes torres que flotaban en el mar», un marinero español que había naufragado en una expedición anterior contactó a la flota y fue recogido por Cortés en la punta de Yucatán. Gerónimo de Aguilar había estado prisionero entre los mayas durante ocho años y podía hablar su idioma correctamente.

Tras un encuentro en la costa sur en el que los nativos armados con palos y arcos capitularon rápidamente ante el estruendo de los cañones y de las «flechas mortales de los "hombres-animales" que corrían más que los venados», el señor del pueblo regaló a los visitantes veinte esclavos, entre los que se encontraba una joven de alto rango que había sido vendida como esclava a los mayas por su madre azteca y que hablaba la lengua maya y el náhuatl. La llamaban Malintzin (Malinche).

Fuerzas misteriosas ejercían su conjuro: con sus dos intérpretes Cortés podía ahora comunicarse con los habitantes de las nuevas tierras.

Explorando con cautela la costa, Cortés llevó su flota a un canal bien protegido, en un sitio al que llamaron Vera Cruz, lugar de la Verdadera Cruz. Allí, arrodillándose con sus hombres en señal de oración y gratitud, proclamó la pertenencia de aquella tierra al emperador Carlos V y plantó una cruz y la bandera española.

Moctezuma II se consumía de ansiedad. Le ofrecían treinta platos diferentes en cada comida y le servían su chocolate en una copa de oro, pero había perdido el apetito. Los grandes señores mantenían la cabeza inclinada en presencia de su soberano semidivino, sin poder hablar hasta que él lo hiciera.

Moctezuma II sentía en su frente febril la mano de la desgracia. Le habían llegado informes del desembarco de hombres blancos en las grandes aguas del este. Misteriosamente habían aparecido lenguas de fuego en el templo de una diosa, destruyendo el adoratorio y quemando sus muros salpicados de sangre. Y durante varias noches la gente llena de temor había oído la voz del espíritu de una mujer llorando por los canales: «Hijos míos, hay que huir de la ciudad; hijos míos, ¿a dónde los llevaré? ¿Dónde los esconderé para que no se pierdan para siempre?» (10).

«Quetzalcóatl está enojado», le dijo el consejero de más confianza a Moctezuma II, mirándolo directamente a los ojos. «Tú lo has considerado un dios menos importante». Moctezuma II agachó la cabeza. Se retiró en secreto a una cueva, en donde consultó a su oráculo: «¿Qué debo hacer? ¿Por qué me ha venido esta terrible desgracia?».

El oráculo habló: «Soy Quetzalcóatl, la Serpiente Emplumada, el dios más importante, el dador de la vida, el más cercano al sol, como el águila, y más cercano a las cavernas del mal y la oscuridad bajo la tierra, como la serpiente. Te ordené construir un templo a la Serpiente Emplumada, como hicieron tus antepasados, los toltecas, los mixtecos, los mayas y los olmecas. ¿No te prometí que guiaría al sol sin peligro a través de la oscuridad? ¿No conviví con ustedes como un ser humano, con rayos de sol en mi barba, guiando y aconsejándoles todos los días de mi vida? ¿No me oponía al sacrificio? ¡Ustedes se han excedido en esto! Cuando me engañaron y decidí desaparecer en las grandes aguas del este, ¿no les prometí que regresaría el año uno-caña?».

Moctezuma II se arrodilló y lloró amargamente. El año uno-caña solamente llegaba una vez en un siglo y este era precisamente ese año. «¿Son estas gentes tu pueblo, oh grande y poderoso señor? ¿Has regresado?», preguntó Moctezuma II.

El oráculo no contestó.

Moctezuma II tomó su decisión. Ordenó enviar a los intrusos las mejores vestiduras, los mejores tejidos, collares de oro, máscaras de jade, capas y penachos de plumas preciosas.

Envió embajadores con instrucciones de ofrecer al gran señor blanco el atuendo de Quetzalcóatl y dar la bienvenida a los «teules» (dioses) con todo el respeto que se merecían. Pero en su interior esperaba que esos dones detuvieran la marcha de los recién llegados hacia Tenochtitlán.

Una fuerza magnética impelía a Cortés hacia las montañas. Además, el destino le había concedido otro regalo: aliados. Miles de vasallos descontentos por las actitudes de los aztecas se le unieron en su marcha desde la costa hasta la fabulosa Ciudad de los lagos.

Cortés era un jefe muy especial. Dotado de gran valentía y conocimientos militares, poseía también talento para la diplomacia y un enorme sentido visionario y providencialista. A través de su intérprete india, Malinche, supo que él venía a cumplir una profecía. Asimismo, consideraba como una predestinación su papel de capitán de la expedición española. Su deber era la conversión, y el bautismo, su medio. ¡Los ídolos de estos pueblos eran demonios! ¡Sus templos estaban ennegrecidos por el humo del infierno!

En un primer encuentro con los señores de una ciudad de la costa, Cortés trató de convencerlos a través de sus intérpretes, con razonamientos y tacto, para que desistieran en la adoración de sus ídolos feos y toscos. Les mostró una imagen de la Virgen María con el niño en sus brazos, el único hijo del único Dios. Solamente a ellos deberían adorar. ¡Un trozo de madera! Los jefes se mofaron y siguieron con sus sacrificios humanos. Cortés, enojado, ordenó destruir sus ídolos sagrados. Cuando los caciques y sacerdotes vieron a sus dioses rodando en pedazos por las escaleras de los adoratorios, lloraron amargamente. ¡La diosa de Cortés era más poderosa! Inclinando la cabeza aceptaron el bautismo y su nueva posición como vasallos del emperador de España.

La primera en bautizarse fue Malinche. Inteligente, noble y de grácil figura, había hecho su elección entre la daga de obsidiana y la espada de hierro. Fue bautizada con el nombre español de «Marina» y fue dada en casamiento según el rito católico a uno de los capitanes de Cortés. En menos de un año ya hablaba español y se había convertido en la traductora única e indispensable del «dios retornado», Cortés. Más tarde daría a luz un hijo del conquistador.

Según iban explorando la región costera, los ídolos eran destruidos y la gente lloraba. Venciendo el miedo a los dioses blancos, caballeros águila y caballeros jaguar lanzaron sus tropas a la batalla, pero los caballos, los perros feroces, el hierro de las espadas, las armaduras, los cañones, los fusiles y una voluntad también de hierro sobrepasaron con creces a los indígenas. Pensando que esos dioses iban a vencer a Moctezuma II, muchos se unieron a Cortés. Entonces, con miles de elementos bajo su mando, Cortés se preparó para marchar hacia el paso cubierto de nieve donde se elevaba un pico de cinco mil metros. Estimulados por la promesa de encontrar oro, la mayoría de sus hombres quisieron arriesgar su vida, pero hubo algunos disidentes y Cortés tomó una decisión trascendental: envió un barco de regreso a Cuba con cartas para el gobernador Velásquez y el emperador Carlos V, acompañadas de los magníficos regalos que le había enviado Moctezuma II. Después, se dice que ordenó quemar las otras diez naves. La suerte estaba echada. No había vuelta atrás (11).

Los españoles caían en la batalla, vendaban sus heridas y dormían con su armadura puesta y la espada a su lado, mientras marchaban desde las costas tropicales a las alturas donde el frío, la lluvia y el granizo aumentaban su incomodidad y sus sufrimientos.

Recelosos y en constante vigilancia se aproximaron a los dominios de Moctezuma II.

Un momento funesto fue la entrada en la región de Tlaxcala, donde habitaban los enemigos mortales de Moctezuma a quienes este no había podido vencer. Superados por un enorme ejército, los hombres de Cortés se pusieron en formación de batalla y haciendo el signo de la cruz esperaron el ataque. Los caballos —animales desconocidos para los nativos—, su gran entusiasmo, las mejores armas y tácticas más efectivas dieron a los españoles la fuerza para romper las filas indígenas y derrotarlos. Cuando los caciques tlaxcaltecas vieron que sus defensas no eran efectivas perdieron el valor, y aunque su jefe les aconsejó no hacerlo, se unieron a las filas de Cortés. ¡Como aliados de estos extranjeros podrían derrotar a Moctezuma! De esta manera el ejército de Cortés aumentó. En la larga marcha los españoles iban bautizando a miles de nativos. Continuó su marcha «una multitud levantando gran polvareda, algunos en sus armaduras, con espadas relucientes y produciendo un estruendo que se escuchaba desde lejos…», escribió el padre Sahagún. Al acercarse a la sagrada ciudad de Cholula, centro del culto a Quetzalcóatl, avisaron a los españoles de una emboscada preparada por Moctezuma II.

Sin saber si era cierto o no, al llegar a la plaza donde se había reunido una gran multitud, los españoles y sus aliados mataron a miles de indígenas.

Las noticias de la alianza de Tlaxcala con los extranjeros y la masacre de Cholula produjeron gran temor en el corazón de los aztecas, como si la tierra temblara bajo ellos y como si el mundo girara ante sus ojos. Bien fueran hombres o divinidades, los invasores habían demostrado su poder. Desesperado, Moctezuma II trató de parar su marcha enviándoles regalos de oro que, según sus embajadores, «tocaron y manosearon como monos». Envió a miembros de su consejo, a hechiceros e incluso a su sobrino, pero no sirvió de nada. En la mente de Cortés la exploración se había convertido en conquista. Había recibido el visto bueno del gobernador Velázquez y del emperador Carlos V.

En una mañana fría de noviembre, nueve meses después de su llegada a Veracruz, Cortés y su ejército atravesaron el paso entre los dos volcanes que guardaban el valle de Anáhuac. Los soldados españoles levantaron su vista hacia los altos picos cubiertos de nieve y mirando hacia abajo, entre las nubes cambiantes vieron profundos y peligrosos precipicios. Al bajar de la cima y salir del denso bosque, el panorama fue asombroso. A través de la niebla la ciudad de Tenochtitlán relucía en el valle, reflejando su blancura en las aguas de un gran lago. Otras ciudades punteaban el soleado valle, pero los ojos de los españoles estaban fijos en la capital del fabuloso imperio azteca, más hermosa que cualquier ciudad que hubieran visto nunca. Maravillados descendieron al valle.

Moctezuma II decidió en contra del consejo de sus Cuatro Grandes y dio la bienvenida a los invasores. A los pocos días de haber llegado, con los canales abarrotados de canoas y la multitud agolpándose en la plaza y en las azoteas, los extranjeros hicieron su entrada por la gran calzada. Una mezcla de curiosidad y temor paralizaba a la gente. En silencio observaban la exótica procesión. Al frente en un caballo blanco iba su jefe, con su cara tapada por un extraño sombrero reluciente; a continuación, un abanderado a caballo, seguido por lanceros, arcabuceros, cañones, perros tirando de sus correas y soldados con cascos y armaduras sobre caballos inquietos que a los ojos de los nativos parecían ser parte de los mismos hombres. Seguía un sinfín de aliados, saturando el inmaculado centro ceremonial sagrado de la gran Tenochtitlán.

Desde su litera real, Moctezuma II esperaba a sus huéspedes al final de la calzada. A sus espaldas se alzaban los dos adoratorios gemelos del templo. «El templo era parte de un amplio complejo formado por setenta y ocho edificios capaces de albergar a diez mil personas a un tiempo», escribiría el soldado y cronista Bernal Díaz del Castillo.

Como describe Bernal Díaz la escena, Moctezuma II descendió de sus andas. Apoyado en cuatro señores ricamente vestidos el gran emperador avanzó lentamente, según relata Bernal Díaz:

(…) bajo un maravilloso palio de plumas verdes entrelazadas de oro y plata, perlas, piedras verdes que colgaban de unas como mordeduras, lo que era maravilloso a la vista. Vestía ricamente y llevaba zapatos como sandalias de suelas de oro y cubiertas de piedras preciosas. Muchos señores caminaban delante del gran Moctezuma II barriendo el suelo que pisaría y poniendo esteras y mantos en el piso para que no tuviera que pisar la tierra. Todos mantenían la cabeza agachada con gran respeto…

Cuando Cortés vio acercarse al gran Moctezuma II desmontó rápidamente… El sol se reflejaba en su casco como un espejo al quitárselo e inclinarse haciendo una reverencia mostrando respeto. Un orador recitó un discurso de bienvenida largo y sonoro en náhuatl.

Entonces Cortés dio a Moctezuma II un collar de piedras de vidrio que se llaman margaritas, que tienen dentro de sí muchas labores y diversidad de colores, ensartado en cordones de oro con almizcle, para que dieran buen olor... Lo puso en el cuello de Moctezuma e iba a besarle, cuando la princesa que acompañaba al gran jefe le sostuvo el brazo para que no lo hiciera, ya que eso era para ella un signo de desprecio.

Entonces habló Moctezuma II: «Señor, habéis tenido un largo y cansado viaje, pero habéis llegado a vuestra ciudad Tenochtitlán. No, no estoy soñando ni viendo visiones. En verdad he visto y puesto mis ojos en vuestra cara... venid a nuestra tierra, venid y reposaos. Tomad posesión de vuestros aposentos reales».

Se iba a representar el acto final de un largo drama plagado de controversia.

Como para anunciar a los estados vecinos que se iban a producir grandes desgracias en el imperio de Moctezuma, en 1519 surgieron grandes espirales de humo del cráter del volcán Popocatépetl acompañadas de ceniza expulsada de su interior incandescente. Sobrecogido por este espectáculo, Cortés describió este acontecimiento en sus *Cartas de relación* al emperador de España.

Bien fuera sincero o fingiera serlo, Moctezuma II actuó como un magnánimo anfitrión. Acuarteló a Cortés y a sus hombres en el palacio de su padre Axayácatl, un laberinto de salas, habitaciones, patios, jardines y grandes pajareras, y puso a su disposición cientos de esclavos. Como huéspedes gozaron de completa libertad para pasear por la ciudad, y así poco a poco se hizo evidente para los aztecas que Cortés y sus hombres eran seres de carne y hueso.

Impresionado por las técnicas tan avanzadas que utilizaban los aztecas, Cortés escribió en una carta a Carlos V: «Las observaciones y la inteligencia de estos nativos son muy superiores a las de los Caribes (entre los que había vivido dieciséis años). Muchos habitantes de estas tierras podrían ser asimilados fácilmente a la sociedad española».

Pronto se dio cuenta Moctezuma de que era el oro lo que hacía brillar los ojos de los hombres de Cortés, y para apaciguar su deseo les regaló oro en abundancia.

Para los aztecas llevar joyería de oro o tener una imagen de los dioses en oro en su casa representaba estar unidos a la energía que emanaba del dios, y con desconcierto vieron que los soldados españoles fundían los objetos de oro (12).

Con la libertad otorgada para vagar por la ciudad, los españoles pronto descubrieron el secreto de la formidable cámara del tesoro en el palacio. Los recios aventureros se maravillaron ante la vista de tanta riqueza.

Guiado por su sentido místico de culpabilidad Moctezuma II había cambiado de opinión y una relación de respeto y casi de afecto se había desarrollado entre los dos semidioses. En vano sus consejeros le aconsejaron no confraternizar con Cortés, él buscaba charlar y averiguar más sobre su huésped y su misterio.

En sus charlas, con Marina siempre a su lado, Cortés trataba de persuadir a Moctezuma II para que eliminara los sacrificios, pero el celo religioso de gran tlatoani era tan fanático como el de Cortés. Explicó que existía un código de ética en el sacrificio y que no significaba odio ni crueldad. Cuando un cautivo era hecho prisionero o un hombre era designado para el sacrificio, se consideraba elegido por el sol, honrado y favorecido. Al morir se unía al gran Dios-Sol, transformándose en su hijo, un estatus que sólo podía alcanzar siendo la víctima. A muchos prisioneros se les ofrecía la libertad, pero preferían el sacrificio. Moctezuma trató de explicar por todos los medios que no era malo realizar sacrificios, sino que sería malo no hacerlos. La estancia del hombre en la tierra era fugaz y su destino era mantener el sol en el cielo. Esta filosofía tan fatalista y el deseo vehemente de la muerte estaban más allá de la capacidad de entendimiento de Cortés. Además, estaba seguro de que había sido la crueldad y la brutalidad de los aztecas lo que había impulsado a los aliados a unirse a su tropa.

Los españoles se entretuvieron algún tiempo con las excursiones por la ciudad. En sus visitas al gran mercado de Tlatelolco observaron gran cantidad y variedad de mercancía y comida: maíz, fríjol, calabazas, nopales, aguacates, tomates, chiles, gusanos de maguey, chapulines, carne de pequeños perros, armadillos, conejos, gran cantidad de aves, montañas de tortillas de harina de maíz, tamales, pescado frito de los ríos y cacao.

Al igual que los tejidos de algodón, las semillas de cacao se vendían solamente a los nobles y mandatarios. La gente del pueblo sólo podía vestirse con ropas tejidas de fibra de maguey.

Las visitas a los zoológicos y a los jardines botánicos, donde se clasificaban las hierbas medicinales, también causaron admiración a los españoles, y las expediciones a los lugares de donde sacaban oro y plata despertaron su ambición y visiones de grandes riquezas. Pero sus nervios empezaron a flaquear. Eran huéspedes, no vencedores. Sentían que su seguridad estaba en peligro cada vez que se alejaban del centro de la ciudad. Puentes levadizos en las calzadas cortaban su acceso a tierra firme. Además, al haberles perdido el miedo, la gente les comenzaba a mirar con hostilidad, y esta hostilidad se convirtió en furia cuando Pedro de Alvarado, capitán de muy duro carácter, disparó sobre una multitud que cantaba y danzaba celebrando un sacrificio. (Se dice que mató a unos tres mil). Cortés no estaba en Tenochtitlán y cuando regresó encontró una muchedumbre vociferante tratando de forzar las puertas de los aposentos de sus hombres.

En una acción atrevida, Cortés y sus capitanes tomaron a Moctezuma II prisionero en su palacio. Con tacto y paciencia Cortés trató de convencerlo de que renunciara a sus ídolos, de que se convirtiera al cristianismo y se bautizara. Moctezuma rechazó rotundamente la proposición y Cortés, perdiendo la paciencia, acompañado de cuarenta de sus hombres, subió las escaleras ensangrentadas del templo de Huitzilopochtli y asestó un fuerte golpe entre los ojos del feroz dios, con una barra de hierro.

Cualquier esperanza de apaciguamiento y toda idea de una conquista sin sangre se rompieron en mil pedazos. Comenzó una gran guerra santa.

Llovieron piedras contra los españoles, y lanzas y flechas los recibían cada vez que trataban de aventurarse afuera. Los españoles disparaban su cañón y sus ballestas y daban estocadas con sus espadas, pero la lluvia de las piedras era mortal. Al sonido victorioso de los tambores y las caracolas, los españoles, hechos cautivos, fueron sacrificados en lo alto del templo.

Subiendo a la azotea de su palacio Moctezuma II trató de apaciguar a sus súbditos, pero fue recibido por una lluvia de piedras arrojadas con tal fuerza que le causaron la muerte.

La batalla aumentó en violencia. Cortés, desesperado, ordenó a sus hombres huir a tierra firme al amparo de la noche. Pero estos no querían abandonar su oro, y cargados con el peso del botín fueron atrapados en la calzada. Los cuerpos se amontonaban en los puentes y el oro cayó al lago. Doscientos soldados españoles murieron en esa famosa «noche triste». Cortés lloró amargamente al ver a sus soldados capturados y cómo iban siendo arrastrados a los adoratorios cercanos para ser sacrificados.

El sol poniente

La poderosa Tlaxcala dio asilo a los españoles vencidos. Pronto, Texcoco y Tacuba, que habían formado la triple alianza con Moctezuma II, se sometieron a los españoles. De Cuba llegaron refuerzos y en nueve meses Cortés estuvo listo para sitiar Tenochtitlán.

Se construyeron bergantines, se les pusieron velas y se colocaron cañones en las cubiertas. Se diseñó una estrategia para cortar el abastecimiento de agua fresca al enemigo, bloquear sus canales, rellenar los boquetes de las calzadas, quemar sus casas, atacar a sus capitanes y generales… pero ninguna estrategia podía prever el valor y la fiereza con que los aztecas defendieron su ciudad sagrada.

El sitio duró ochenta días. Los cañones disparaban desde el lago, los canales se tornaron rojos de sangre, el fuego se extendía por doquier oscureciendo el cielo con su humo negro y apareció la plaga de la viruela, traída de Europa, que no perdonó a los guerreros ni al nuevo tlatoani Cuitláhuac, un sobrino de Moctezuma. El joven Cuauhtémoc, de Tlatelolco, fue nombrado para reemplazarlo.

La feroz batalla duró hasta que ya no había ni siquiera raíces que comer ni piedras o flechas para disparar. Violencia adentro y violencia afuera. Los cadáveres se apilaban en las calles, en las casas y en los canales. Se dice que murieron treinta mil aztecas y veinte mil aliados de Cortés. «He leído acerca de la destrucción de Jerusalén, pero no creo que la mortalidad fuera mayor que aquí en México», fueron las palabras de Bernal Díaz del Castillo, quien presenció el sitio de Tenochtitlán.

El torbellino que había soplado sobre el antiguo México durante dos años se extinguió con un doloroso gemido a la caída de la gran ciudad.

Se dice que el joven Cuauhtémoc, el último tlatoani, se presentó ante Cortés con su puñal diciendo: «Estamos vencidos. Toma esto y mátame». Pero Cortés lo mantuvo prisionero y lo torturó para que revelara el escondite del tesoro de Moctezuma, el cual nunca se encontró. Tiempo más tarde, en la expedición a las Higueras, Cuauhtémoc fue ahorcado al ser acusado de conspiración (13).

Herido en cuerpo y alma, un Caballero Águila se sentaba entre las ruinas de la gran Tenochtitlán y recordaba las enseñanzas de los dioses: No se puede encontrar la verdad aquí, sólo puede encontrarse más allá de lo tangible y lo visible. Un poema de Nezahualcóyotl fue lo último que cruzó por su mente:

"Sólo venimos a dormir, sólo venimos a soñar:
no es verdad, no es verdad que venimos a vivir en la tierra.
En yerba de primavera venimos a convertirnos:
llegan a reverdecer, llegan a abrir sus corolas nuestros corazones,
es una flor nuestro cuerpo: da algunas flores y se seca".

Hoy en día, en la Plaza de las Tres Culturas, en Tlatelolco, en la Ciudad de México, lugar de las últimas batallas entre españoles y aztecas, una placa proclama:

EL 13 DE AGOSTO DE 1521, TLATELOLCO, DEFENDIDO HEROICAMENTE POR CUAUHTÉMOC, CAYÓ BAJO EL PODER DE HERNÁN CORTÉS. NO FUE UN TRIUNFO NI UNA DERROTA, SINO EL NACIMIENTO DOLOROSO DEL PUEBLO MESTIZO QUE ES EL MÉXICO DE HOY.

Capítulo III

La Nueva España, 1521

En Europa otro imperio estaba siendo vencido por la fuerza de un solo hombre: Martín Lutero, excomulgado por la Iglesia católica. El Sacro Imperio Romano, cuyos emperadores habían ejercido un poder absoluto en Europa Occidental durante tres siglos, comenzaba a debilitarse. Las famosas noventa y cinco cláusulas contra la Iglesia católica habían provocado cambios políticos y culturales en una sociedad estática. Era tiempo para la Reforma.

En 1521 el rey Enrique VIII de Inglaterra comenzó un movimiento para poner a la Iglesia bajo la autoridad de su corona y romper con el papa. Así nació la Inglaterra anglicana y después protestante.

En ese mismo año España la rebelión de los comuneros que demandaban derechos constitucionales fue aplastada por los nobles, aumentando así el poder de Carlos V, el emperador de Habsburgo, que había aportado los Países Bajos, Austria y Alemania a la Corona española. Añadiendo a estos países las posesiones en Italia, el poderío de España no tenía rival en Europa.

Y en el Pacífico, Miguel López de Legazpi descubrió las Filipinas y las conquistó para España.

También en 1521 Miguel Ángel terminó su trabajo monumental en la capilla Medici en Florencia.

Una era de ilustración y de renacimiento dio un gran ímpetu creativo a las artes, los nuevos inventos, las nuevas leyes, la importancia de la vida secular, los derechos individuales... y a los nuevos descubrimientos. Se abrió completamente el horizonte.

Frenesí de conquista

Después de 1500 Europa acometió al mundo como una gran marea, con una furia de expediciones para controlar y dominar las rutas comerciales (14). A pesar de que las antiguas culturas de los países descubiertos eran superiores en muchos aspectos, los europeos se creían los únicos poseedores de la verdadera religión y los dueños de los mares. Despreciaban la cultura, los valores y los logros de los pueblos y los destruían y alteraban drásticamente.

Una vez que los portugueses cruzaron el cabo de Buena Esperanza y que Colón descubrió las Indias, más tarde bautizado como América, controlar el flujo de mercancías exóticas del este hacia el oeste se volvió la obsesión de los países de Europa. La pólvora fue su mejor aliado, pues aunque los chinos la conocían desde hacía siglos, fueron los avances en la metalurgia europea los que produjeron la artillería tan formidable. Las galeras turcas que se movían a base de remeros esclavos y los juncos de guerra chinos mal armados no se podían comparar con los rápidos barcos mercantes con cañones a sus costados. Desde el punto de vista psicológico, los europeos estaban preparados para explorar y estaban abiertos a un futuro cambiante y de aventuras, mientras que las culturas antiguas luchaban para quedarse aisladas incluso de sus vecinos, con quienes habían comerciado durante siglos.

Durante más de un siglo los portugueses fueron los que encabezaron el comercio europeo con África del Norte y Asia, arrasando con todo lo que se presentaba a su paso utilizando el poder de sus armas de fuego y construyendo una cadena de fortalezas como bases en el Oriente. Ya para 1513 los portugueses habían llegado a las islas de las Especias (las Molucas) y más allá, apoderándose de algunas islas descubiertas por exploradores españoles, hasta que solamente dejaron las islas Filipinas a la Corona española.

Tras establecer Colón una ruta al continente americano, inversionistas, navegantes, soldados-aventureros y la misma Corona española se apresuraron a formar y financiar expediciones desde las islas del Caribe en poder de España. La creencia de Colón de haber alcanzado las Indias, islas que Marco Polo había descrito como en la parte del este de Asia, fue descartada, pero los nativos norteamericanos fueron erróneamente llamados *indios*.

Mientras los navegantes portugueses viajaban más hacia el oriente, los españoles exploraban los territorios recién descubiertos. Los barcos españoles navegaban bordeando las costas, y cuando se conoció la riqueza del imperio azteca, el oro fue el gran motor de sus expediciones.

La primera mitad del siglo XVI fue una era de descubrimientos y conquistas impresionantes. A principios de siglo, Américo Vespucio navegó al sur del continente americano y los cosmógrafos le dieron su nombre al Nuevo Mundo en 1507, ya muerto Colón.

Para 1511 España había establecido una importante base en Cuba. En 1513 Vasco de Balboa cruzó el istmo de Panamá y descubrió el océano Pacífico. Ese mismo año Ponce de León descubrió la Florida. Mientras Cortés conquistaba Tenochtitlán, Fernando Magallanes navegó siguiendo la costa oriental de Sudamérica, y a través de pequeños estrechos en la punta sur del continente logró llegar al Pacífico y descubrir las islas Filipinas, nombradas así por el rey Felipe II de España. Desde México, Cortés se dirigió al sur y pronto conquistó los antiguos reinos mayas de Guatemala y Honduras, estableciendo capitanías en estas provincias.

Navegando por el Atlántico Sur los españoles descubrieron el Río de la Plata y allí fundaron Buenos Aires. También cruzaron a pie los Andes y llegaron a Chile. Desde Panamá bajaron hacia el sur y tomaron los territorios de Nueva Granada, el Alto Perú y Paraguay para la Corona. En el norte del continente americano los conquistadores españoles fueron desde la Florida hacia el río Misisipi. Las expediciones encabezadas por Cabeza de Vaca, Hernando de Soto, Vázquez de Coronado y otros consolidaron varios territorios desde la Florida hasta California. Los españoles descubrieron Virginia y las Carolinas, donde no encontraron depósitos minerales ni grandes plantaciones de los nativos. Dominar a las tribus nómadas no les interesaba en ese momento, por lo que se dedicaron a explorar la costa de Pacífico, que prometía un mayor beneficio. Llegaron a Vancouver, en Canadá, y nombraron algunas pequeñas islas. A principios de ese siglo los ingleses ya habían empezado a explorar la península del Labrador y el río Hudson, obsesionados por encontrar un pasaje por el noroeste. No tardó mucho en que se realizara una expedición francesa a cargo de Jacques Cartier para explorar lo que después sería Canadá.

En el año 1528 hubo gran júbilo en España cuando llegaron noticias de que Francisco Pizarro, viajando desde Panamá, había descubierto un imperio similar al azteca. Ubicado en la cordillera de los Andes, el imperio inca (15) habría podido controlar la cadena montañosa y explotar sus riquezas portentosas durante siglos. Pizarro venció a los incas en 1533. Al final, en un acto de traición, después de haber aceptado oro para perdonar al último de sus reyes, lo mandó ejecutar (16).

La fiebre de conquista se apagó hacia mediados del siglo. Se trazaron mapas rudimentarios de los dos grandes continentes, Europa y Asia, separados por una enorme extensión de agua, los océanos.

A excepción de Brasil, en el hemisferio sur, que fue reclamado por los portugueses a principios de siglo, y los territorios septentrionales en el hemisferio norte, reclamados por Francia e Inglaterra, España era la dueña del nuevo mundo llamado simplemente América. Murieron muchos nativos por enfermedad o por trabajo agotador, y en algunas áreas poco pobladas, como Costa Rica y Río de la Plata, la población nativa fue casi aniquilada. En Chile, en donde los nativos permanecieron en las alturas de los Andes, los conquistadores y los indios permanecieron separados.

Las conquistas dejaron un reguero de sangre y brutalidad. Intolerancia y racismo prevalecieron para reprimir a los nativos y convertirlos a la nueva religión. Algunos soldados españoles fueron ambiciosos de fama, honra y fortuna, y se consideraron instrumento de la providencia. No entendían ni trataron de entender las culturas nativas. La violencia creó más violencia. Pero no se puede negar la fibra y el coraje de aquellos hombres que, navegando en frágiles barcos, en grupos expedicionarios pequeños, soportaban dificultades extremas, sin saber a dónde iban ni lo que iban a encontrar al atravesar las sierras y los Andes a pie con sus pesadas armaduras, y que finalmente lograrían crear un imperio. Muchos sucumbieron con la misma crueldad que ellos habían aplicado. Se puede decir que América fue conquistada con la espada y la cruz.

A partir del descubrimiento de América la marcha de la humanidad ya no pudo ser detenida. Cambió totalmente la imagen que el hombre tenía de sí mismo y de la tierra en que vivía ¡La tierra tenía una cuarta parte del planeta! Surgió la idea global y la certeza de que toda la gente, en todas partes, vivía en el mismo planeta. El orbe estaba ya configurado.

Después de la noche de la conquista militar de la capital mexica, la tierra y el cielo estaban en una densa penumbra, tan densa que el relámpago sólo podía penetrarla como una chispa y el trueno sonaba como un débil susurro. Era una oscuridad sin promesa de amanecer. Cuando el sol salió débilmente tras la noche oscura, proyectó un velo gris sobre los templos en ruinas y un viento frío se extendió por los callejones azotando las aguas de los canales de Tenochtitlán.

Tras la última batalla, después de respirar el olor a muerte y al contemplar las ruinas, un marasmo se apoderó de la mente y el corazón de vencedores y vencidos. La victoria era un silencio vacío. Después, como una flecha que encuentra el centro de la diana, un pensamiento surgió en la cabeza de Cortés. ¿Cómo se gobernaría a estos vasallos del emperador de España? Se calculaba que el valle de Anáhuac, el corazón del imperio azteca, tenía una población vasta, y existían otras etnias y otras ciudades-Estado que tenían que ser dominadas y gobernadas.

Conquistar era una cosa; gobernar al conquistado, otra. ¿Cómo se debía administrar esta tierra?

Los mexicas lloraban: «Han matado a nuestros dioses, han acabado con nuestra danza y han destruido nuestra canción. ¿A dónde iremos? ¿Quién nos guiará?».

Los fuegos celestiales murieron en el río lechoso donde observaban las estrellas y donde la diosa luna se alimentaba.

Una era renacentista barría Europa, pero la Nueva España había nacido en el crepúsculo renovado del feudalismo.

Con su habilidad para aprovechar cada situación Cortés obtuvo de la Corona española el título de capitán general de la Nueva España. Su prioridad fue construir una capital. Ordenó destruir los templos geométricos y sus ídolos, y el escombro se utilizó para rellenar el lago. Pronto comenzó a construirse una ciudad española a la que se llamó simplemente «México». El plan era crear una inmensa plaza central flanqueada por arcos y galerías. Incluía una catedral, las casas reales, un mercado, una escuela, un hospital y el palacio del propio Cortés en el lugar que había ocupado el de Moctezuma II. Este centro sería habitado principalmente por españoles y los cuatro barrios exteriores por los indios, parientes del linaje real de Moctezuma. La explosión de trabajo que se produjo llevó a fray Toribio de Benavente (Motolinía) a escribir: «Hay más trabajadores aquí que los que levantaron el Templo de Jerusalén.» Los artesanos nativos aprendieron rápidamente a utilizar las herramientas de hierro. Para el año 1524 las formas geométricas habían sido remplazadas por estructuras planas de estilo románico, gótico o isabelino. Frente a donde estuvo la gran pirámide del templo mayor, los escultores nativos acababan la fachada ornamentada de una gran iglesia cristiana. Las mismas manos morenas que habían esculpido serpientes e ídolos modelaban ahora ángeles regordetes y santos ascéticos. Poco a poco la antigua civilización fue enterrada bajo la nueva, pero la historia se infiltraba por entre las piedras que guardaban la vieja cultura.

La conversión de los indios había sido un deber absoluto para Cortés. Comprendía que los indios conquistados vivían en un vacío espiritual. La religión había regido sus vidas. ¿Dónde estaban los coros de jóvenes danzando y llevando flores en las fiestas en honor de los dioses? «Las mismas piedras lloraban pues el dolor era tan intenso…», escribía fray Diego Durán. Las miradas brillantes llenas de expectación eran ahora apagadas, tristes y abatidas. Bajo una máscara de obediencia hacían lo que les ordenaban e iban donde les decían. En sumisión silenciosa buscaban encerrar su orgullo, mantenerlo sin mancha y esconder su humillación.

Cortés envió una petición vehemente al emperador Carlos V solicitando el envío de los mejores misioneros para instruir a los indios y salvar sus almas.

En Europa, el papa estaba siendo contrarrestado por los seguidores de Lutero. El Nuevo Mundo ofrecía a los evangelizadores católicos la oportunidad de retomar su cruzada apostólica.

Los primeros misioneros que llegaron fueron tres frailes de Flandes y doce franciscanos, quienes caminaron descalzos desde Veracruz, atravesando las montañas. Estos humildes hombres de dios fueron recibidos con estupor y respeto por las masas de indios acostumbrados a la arrogancia y crueldad de muchos conquistadores. El mismo Cortés se arrodilló a besar las enflaquecidas manos de los religiosos y la orla de sus hábitos.

Para el año 1536 habían llegado otros misioneros: siete agustinos y doce dominicos. Gracias a estos frailes mendicantes educados que se dedicaron a aprender el náhuatl se conservó mucha de la historia de los mexicas, ya que la gran biblioteca de Tenochtitlán fue destruida a petición del primer obispo en su lucha por acabar con la cultura pagana. «Saqueamos la ciudad, pero no encontramos nada de valor, así que quemamos la gran casa donde se almacenaban todas las crónicas de sus antiguas hazañas». Escribió Cortés a Carlos V.

Cuenta la tradición piadosa que en el mes de diciembre del año 1531, en la madrugada, Juan Diego, un indio converso muy devoto, se dirigió a Tlatelolco a oír misa. El lucero del alba brillaba intensamente mientras se aproximaba al cerro del Tepeyac, donde estaban las ruinas del templo de Tonatzin, la antigua madre de los dioses. El relato de la época relata: «Escuchó un canto dulce de ángeles, como un coro de aves y una voz de mujer lo llamó por su nombre atrayéndolo hacia las ruinas en la cima del cerro. Allí en lo alto estaba una señora con sus vestiduras brillantes como el sol, las rocas en que se posaba irradiando haces de luz, convirtiendo el color seco de los cactus en hojas de un verde luminoso».

Sigue describiendo fielmente el escritor acerca de la milagrosa aparición:

> Juan Diego, abrumado, se preguntó «¿Estoy soñando?». La señora le dijo: «Juan, Juan Dieguito, yo soy la Virgen María, la madre del Único Hijo de Dios, el único dador de vida, el creador de donde proceden todas las cosas, Señor de los Cielos y Tierra. Deseo que me construyan un templo aquí. Aquí ofreceré mi amor y mi misericordia a todos los que habitan en esta tierra e invoquen mi nombre. Escucharé todas sus quejas y recibirán alivio a sus penas y tristezas. Ve al obispo de México y cuéntale todo lo que has visto y oído. Ve».

Asombrado, Juan Diego corrió a llevar el mensaje. «He visto a la Madre de Dios», dijo al obispo fray Juan Zumárraga. Pero el obispo no le creyó y pidió alguna prueba de lo que decía. Juan Diego regresó cabizbajo a su pueblo.

A la semana siguiente, el 12 de diciembre, Juan Diego tuvo que cruzar otra vez por el cerro del Tepeyac al convento de Santiago en busca de un confesor para llevarlo con su tío que se estaba muriendo. De nuevo se le apareció la virgen. «Tu tío está completamente curado», le dijo. «Ahora ve y di al obispo que me construya una iglesia».

Milagrosamente, rosas aparecieron en su camino; él las recogió en su ayate y se las llevó al obispo. Cuando Juan Diego abrió su ayate en el palacio del obispo, las rosas se esparcieron por el suelo y en el rústico tejido de su tilma apareció la imagen de la Virgen María, tal como la había descrito.

La Virgen morena de Guadalupe se convirtió en la santa patrona. Hoy en día, su imagen en el ayate de Juan Diego preside una basílica moderna y funcional. Millones de peregrinos la visitan cada año el 12 de diciembre, día designado por la Iglesia católica para celebrar la fiesta de la Guadalupana. En el patio, danzantes emplumados con conchas atadas a sus tobillos bailan rítmicamente al son de los tambores. Moros y cristianos pelean una batalla en una danza, mezclando así la nueva y las antiguas religiones.

En 2002 el papa Juan Pablo II canonizó a Juan Diego, aceptando como milagroso su encuentro con la Virgen. El misterio de la Virgen de Guadalupe impresa en la tilma de Juan Diego y el buen estado de conservación del lienzo continúa asombrando tanto a los científicos como a los no creyentes.

La Iglesia había cuestionado si los indios tenían alma o no, debido a la práctica de sacrificios humanos, al canibalismo, las costumbres homosexuales, el concubinato y otras acciones escandalosas (se ha dicho que Moctezuma tenía más de cien concubinas). En 1537 el papa Pablo III emitió un edicto considerando que los indios eran seres racionales y por lo tanto sujetos aptos para el bautismo. En la segunda mitad del siglo XVI se bautizaron miles de indios, a veces bajo amenazas y con un mínimo de instrucción (existe la duda de si el converso rezaba a San Miguel o a Hutzilopochtli). Los términos «cristiano» y «persona» se volvieron sinónimos, ligando a la Iglesia y al Estado tal como habían estado unidos antes de la llegada de los conquistadores.

Los primeros cien años estuvieron marcados por un gran celo misionero. Un nuevo panteón, arropado por el cristianismo europeo, remplazó al antiguo. Los ritos de muerte de los aztecas habían inculcado una actitud fatalista en el alma de los indios. La vieja liturgia celebraba la muerte, la nueva liturgia celebraba la vida. Para los pueblos prehispánicos la muerte y la vida eran aspectos de la misma realidad; los muertos eran en esencia «no-muertos» que habían pasado de un plano a otro. Los asuntos no resueltos en ese mundo tendrían que ser resueltos en el otro. Estar en armonía con los dioses era el propósito de esta vida.

Para los cristianos sólo existía un dios. Dios hecho hombre que vino a redimir al hombre de sus pecados y la muerte eterna. Cristo prometió una existencia sin pesares en la vida futura. El camino era la cruz, el mal se castigaba con el fuego del infierno y el cielo era la recompensa por practicar el bien. Los santos reemplazaron a los ídolos. En lugar de una legión de dioses sólo existía uno, un dios cuyo hijo se había sacrificado por los hombres. Los aztecas encontraron intercesión a través de los sacerdotes. Necesitaban consuelo y este fue el triunfo del México católico.

El misionero fray Pedro de Gante utilizó la música para promover la nueva doctrina. Nacido en Flandes en 1480, gran humanista, teólogo y músico, era pariente de Carlos V. Estableció la primera escuela de música en América en 1523 a la orilla del lago de Texcoco, donde una actividad incesante estaba transformando Tenochtitlán en la capital de la Nueva España. Voces indias se unieron a las españolas para formar un coro, y los tambores indios aprendieron a marcar nuevos ritmos para glorificar al nuevo dios.

Como gobernador de la Nueva España, Cortés estaba entre dos conflictos: la Corona de Castilla, deseosa de imponer el orden y la justicia, y los intereses de sus propios hombres. Además continuamente llegaban más aventureros con afán de enriquecerse fácilmente.

El sistema agrario de los aztecas dividía la tierra entre los clanes (calpulli); el individuo trabajaba para la comunidad. Ahora toda la tierra era propiedad de España. Para crear un tipo de gobierno, Cortés estableció el sistema de la encomienda. En principio era una institución benéfica para la cristianización de los indios. Se consignaba un grupo de indígenas al encomendero, un español, quien recibía tributo y servicio de los indios a cambio de protección y enseñanza. También fue la forma de premiar a los conquistadores por su esfuerzo durante la conquista. El encomendero tenía derecho a portar armas y estaba obligado a pagar tributo al Estado.

Grandes extensiones de terreno fueron adjudicadas a los soldados de Cortés; la encomienda no daba tierras, sólo trabajo. Se produjeron abusos y brutalidad que llegaron al extremo de que algún encomendero señalaba con marca de hierro a los indígenas bajo su mando.

La Corona otorgó encomiendas a los antiguos señores mexicas; Cortés casó a algunas hijas de Moctezuma con señores españoles y a los señores de Tlaxcala y de Texcoco les concedió autoridad sobre sus propias ciudades. De esta manera premiaron Cortés y la Corona a sus aliados

Si bien Carlos V promulgó un decreto prohibiendo que se heredara la encomienda en cuanto supo de los abusos que se estaban llevando a cabo, el sistema no se erradicó completamente sino hasta 1570. En 1563 el último encomendero fue relevado de su posición y los administradores españoles tomaron el control.

El emperador de España envió funcionarios, oficiales asalariados que administrarían las nuevas posesiones de ultramar. El primer virrey con autoridad sobre todos los asuntos de la Nueva España llegó en 1535. Gobernó para unos mil españoles y unos tres millones de indígenas. De todas las posesiones en América, la Nueva España era la más poblada y la que aportaba mayores beneficios. La autoridad máxima entre los aztecas, el tlatoani, había sido sustituida por otra autoridad: el virrey, como una extensión del rey, era «el otro yo del rey».

Pocos años después de la llegada del virrey, Cortés, desilusionado y sin grandes reconocimientos, volvió a España y fue asignado por Carlos V a la campaña de Argelia; murió en suelo español 1547.

Cortés entró a la historia cuando España ascendía al poder en el mundo. Cuando desembarcó en las costas del México antiguo, Tenochtitlán había alcanzado su cenit y el descontento había creado fisuras en el imperio de Moctezuma.

Al igual que Colón, Cortés tenía un sentido de misión, y como Colón, cumplió con dicha misión. Cortés fue un actor principal en la intrusión de Europa en América y de la parcial destrucción del mundo de sus pobladores indígenas (17).

Con menosprecio algunos consideran a Cortés como el progenitor de la raza mestiza y a Malintzin le exigen fidelidad a una etnia que no era la suya. Ella no traicionaba a su pueblo, que no era el mexica. A pesar de sus detractores, no se puede negar el valor

y astucia de Cortés. Mucho se ha escrito sobre Cortés y Moctezuma, dos hombres poderosos con una visión totalmente diferente
del mundo. Su paso por la historia muestra a uno como vencedor
y al otro como vencido.

En su testamento, Cortés pidió ser enterrado en la tierra que
había conquistado. Después de muchas exhumaciones en España
y en México, sus restos reposan finalmente en la Ciudad de México, en el Hospital de Jesús, que él fundó en 1527 y que aún sigue
sirviendo a los necesitados.

Capítulo IV

El botín del rey

Desde el principio de la Conquista el oro había sido la atracción de los españoles. Los indígenas extraían el oro y la plata de las vetas visibles en las montañas. Para los europeos el método utilizado era seguir una veta bajo la tierra a través de las minas. Con el uso de bombas y pozos las minas producían mayor cantidad de mineral. Varias galerías se podrían conectar en las profundidades de la tierra, creando cavernas subterráneas con grandes cámaras e infinidad de corredores.

En la segunda mitad del siglo XVI se produjo un auge en el descubrimiento y desarrollo de la minería. La fiebre para obtener oro y plata contagió al rey y a sus súbditos y la fuerza motriz de la actividad minera fue el trabajo indígena. La mayoría de los concesionarios de las minas eran encomenderos que tenían derecho a usar a los indios en sus tierras. Al horadar cada vez más profundamente en la mina, el trabajo del minero era brutal. El trabajo se organizaba en cuadrillas encabezadas por los barreteros. Bajo sus órdenes, los peones abrían túneles, extraían el material con una barra y llenaban los tenates con el mineral. El pesado bulto era llevado en la espalda de un tenatero, que lo apoyaba con una correa en su frente. Algunas cargas llegaban a pesar noventa kilos. Una vez que el tenatero aseguraba su carga a la espalda comenzaba su penosa ascensión circular a través de cientos de pequeños peldaños esculpidos a los lados del pozo de la mina, subiendo más y más hasta llegar a la boca de la mina al ras del suelo. Trabajaban en turnos de ocho a diez horas. Si un hombre resbalaba, caía con su carga a las profundidades de la mina, arrastrando con él a los compañeros que venían detrás. «He presenciado escenas que sobrepasan el infierno de Dante», escribió un religioso. Por eso para la mayoría de los mineros indígenas la muerte era un amigo bienvenido.

Al abrir minas más y más al norte del país —Querétaro, Guanajuato, Zacatecas, Durango— los indios chichimecas atacaban continuamente a los españoles y sus largas filas de mulas cargadas con plata hacia la Ciudad de México. ¡Los invasores asaltaban su territorio! Estos indios nómadas, a quienes los aztecas nunca pudieron dominar, atacaban los asentamientos españoles sin piedad. De 1550 a 1590 las guerras contra los chichimecas fueron continuas. Para contrarrestar el peligro se trajeron cuadrillas de indígenas amigos que lucharon al lado de los españoles y poblaron el territorio invadido. La inmigración de estas tribus del área central, que hablaban lenguas diferentes, reforzó el uso del idioma español como medio de comunicación. Los españoles otorgaban a los inmigrantes mejores condiciones de trabajo: buena paga y el partido, que era el privilegio de sacar un bulto de pepena, fragmentos de mineral, que podían vender o «reducir» por su contenido de plata.

Para fines del siglo XVI la mayoría de los chichimecas habían sido incorporados casi a las nuevas poblaciones.

Las primeras carreteras fueron veredas trazadas para las recuas de mulas cargadas de plata que atravesaban cañones y montañas. A mediados del siglo XVI, con objeto de abastecer a las comunidades mineras, se construyó una carretera desde la capital hacia el norte, hasta la importante ciudad minera de Zacatecas. Se llamó el Camino Real y hoy en día pueden verse aún trazos del empedrado, desgastado por el tiempo, en las hermosas ciudades virreinales del Bajío en la meseta central.

El Camino Real fue prolongado posteriormente hasta la provincia de Nuevo León, al fundarse la ciudad de Monterrey, y se continuaría hasta California, con desviaciones y ramales a lo largo de esa importante vía.

Inmediatamente después del descubrimiento de América, el papa Alejandro XVI promulgó una bula otorgando una buena parte de las tierras descubiertas y por descubrir a los Reyes Católicos de España y otras al rey de Portugal, cuyo deber sería la conversión de los infieles. Las misiones fueron autosuficientes y de vital importancia durante el periodo virreinal.

Los vastos territorios del norte de la Nueva España siempre constituyeron un problema: desiertos, espinos, calor, frío intenso e indígenas hostiles impidieron el camino de los españoles hacia el norte. Sólo los más aventureros dejaban el clima templado de la meseta central, donde abundaban el agua, la comida, las flores y la vegetación. Fueron los misioneros los que colonizaron el norte, hombres con el celo evangelizador y civilizador, y pronto construyeron conventos y misiones a lo largo del Camino Real. Las misiones se establecieron para reunir a los grupos nativos en poblaciones para poder convertirlos al cristianismo y enseñarles a vivir en una sociedad que aseguraría su supervivencia.

Los jesuitas fueron los primeros que llevaron la cruz a las regiones lejanas del noroeste. Uno de los primeros frailes fue el padre Eusebio Kino, quien en 1687 empezó a evangelizar los grandes territorios de Sonora, Sinaloa —actual Arizona— y partes de California. También descubrió que la Baja California no era una isla, sino una península.

No existe en los anales de la historia un ejemplo de la defensa incondicional hacia los vencidos, como la que proclamaron estos santos religiosos. Uno de los mayores defensores fue fray Bartolomé de las Casas, un fraile dominico que había sido antes un rico encomendero. Por su defensa acalorada de los indios fue un elemento importante en la corte de Carlos V. Cuestionó el derecho que tenían los españoles a ser dueños de indios, e incluso cuestionó el derecho de la Corona: «Durante sesenta años han sido robados y tiranizados. ¿Qué obligación tiene esta gente inocente e infeliz de satisfacer las necesidades de la Corona de España?».

El Consejo de Indias, establecido en Sevilla en 1524 para administrar los asuntos de la Nueva España y de otros dominios americanos, promulgó una legislación protectora y envió comisionados especiales para cumplir las nuevas leyes.

La educación era también un asunto prioritario. Los hijos de los nobles y capitanes indígenas estudiaban latín, lógica, matemáticas, filosofía y teología. Escuelas conventuales se establecían para enseñar a leer a las mujeres indígenas. En 1551 se establecieron las primeras universidades en México y Perú. La primera prensa en América había llegado a México en 1536.

Los barcos llegaban a Veracruz desde España con regularidad trasportando a misioneros, monjas, arquitectos, filósofos, tapices y muebles finos estilo renacimiento, también animales, comerciantes, todo tipo de provisiones… e inquisidores.

La Nueva España empezó a parecerse a la madre España. A diferencia de las colonias inglesas, la Nueva España no era una colonia, sino un reino, una extensión de la misma España. Conquista y colonización no significaban lo mismo. Nueva España era administrada como un virreinato. El trabajo del virrey y su obligación era proteger la propiedad del rey. El virrey tenía la completa autoridad de la Corona y su voz era la voz del rey.

Si bien se ha utilizado el término equívoco «México colonial», no significa lo mismo que en las colonias inglesas, que se autogobernaban habiendo obtenido una «carta» de la Corona inglesa para establecer sus poblados.

Durante el siglo XVI los esclavos negros capturados por portugueses habían comenzado a llegar desde África para trabajar en los campos y en las minas. Para mediados del siglo XVII la fisonomía de México había cambiado. Entre las mezclas de razas existían dieciséis castas. En la parte superior de la lista estaban los criollos, hijos de padre y madre españoles nacidos en México. Seguían los mestizos, hijos de español con india, y finalmente los mulatos, una combinación con la sangre africana.

España había sufrido las invasiones de celtas, fenicios, romanos, cartagineses, visigodos y setecientos años de ocupación árabe, por lo cual los españoles estaban acostumbrados a una sociedad multirracial. El nombre de «castas» no significaba restricción religiosa o legal, sólo se utilizaba para identificar los tipos de sangre que existían en la Nueva España. La casta de una persona era determinada por el grado de cruce entre la sangre europea, india o africana. Posteriormente la casta sí llegó a determinar el lugar social de una persona. La necesidad de esclavos fue mínima en México y los negros, como grupo étnico, desaparecieron a causa de los matrimonios mixtos (18).

Tras la abolición de la esclavitud y de la encomienda, para mantener a los indios en las grandes haciendas o en las minas se obligaba al peón a endeudarse eternamente. Hubo generaciones que trabajaron en la misma hacienda y a veces los peones nacían cargando con la deuda de su padre. La tienda de la hacienda o la tienda de raya era la única fuente de abastecimiento: aceite, trigo, azúcar, ropa, herramientas... El dueño de la hacienda era el proveedor, y el salario del peón su garantía de pago. Tal como sucedía en las plantaciones de algodón de las colonias norteamericanas, era un sistema de endeudamiento que garantizaba continuamente una fuerza de trabajo. En 1576 una epidemia de tifus diezmó la población indígena que trabajaba en la agricultura y el ganado de las grandes haciendas de las provincias del norte, por lo que se vieron forzados a aceptar inmigrantes de las tribus de la región central que hablaban lenguas diferentes. Así se reforzó el uso del español como lengua única, y de esta manera se fue forjando poco a poco una nación.

En la parte superior de la estructura social estaban los peninsulares, españoles nacidos en España. En trescientos años no más de trescientos mil españoles llegaron a la Nueva España, y muy pocos eran mujeres. Seguían los criollos, nacidos en tierra americana, y después los mestizos, que estaban por debajo de los criollos pero por arriba de los indios puros. Estaban sujetos a la Inquisición y a las cortes civiles.

El paisaje que presentaba México también estaba cambiando. Rebaños de ganado, cabras y ovejas pastaban entre las plantas de maguey. El maguey era el regalo de Dios a los indígenas de México. Había sido utilizado como pergamino, aguja de coser, hilo de coser y fibra de bramante. Cuando estaba maduro, el maguey producía un dulce rico en proteínas, el aguamiel, que bebían los bebés para fortalecerse. El maguey fermentado producía el pulque, una bebida embriagante que era un don divino para el trabajador cansado y explotado.

En los corrales había manadas de caballos. Los caballos salvajes, descendientes de los dieciséis que trajeron los españoles, habían emigrado al norte y habían sido amansados y criados por las tribus indias nativas. Las mulas, los burros, los bueyes, los cerdos y los pollos compartían el terreno del labrador novohispano que antiguamente sólo había tenido cerdos salvajes, pequeños perros comestibles y algún venado o guajolote, patos, garzas, conejos, peces y una gran variedad de insectos, sin contar con el canibalismo ritual que proporcionaba carne humana.

Al disminuir el agua de los lagos, aparecieron pantanos donde se plantó arroz y trigo, que crecían rápidamente en el suelo tibio. Además de la tortilla, se añadió a la dieta un pan de corteza dura. La cebolla y el ajo se volvieron indispensables en la cocina novohispana, que se enriqueció también con limones, naranjas, manzanas, duraznos, lechuga, zanahoria, perejil y especias del Oriente, que produjeron platillos ricos y de gran variedad. A pesar de que el maíz, el frijol y el chile seguían siendo los productos básicos, el azúcar y la manteca transformaron la cocina mexicana. El Nuevo Mundo aportó al viejo: maíz, tomates, patatas, calabazas, aguacates, vainilla, piñas y cacao, productos que se adoptaron en la dieta de toda Europa. Hoy en día la cocina de México es tan variada y exótica como el mismo país.

Los intentos de convertir a la población indígena por medio de misioneros habían hecho surgir para la mitad del siglo XVII grandes establecimientos en las provincias. Las escuelas y los hospitales eran dirigidos por las órdenes religiosas, y la lengua española se fue anteponiendo a las lenguas indígenas. Después de los primeros cien años el interés de la Iglesia católica cambió de la conversión a la educación y a la propiedad de la tierra.

Una vez que la cruz se había afianzado firmemente en América, España empezó a buscar, desde sus costas del Pacífico, un pasaje más corto hacia el oeste, por los mares del sur hasta las ricas tierras del oriente. El grupo de islas remotas descubiertas en el lejano Pacífico por Fernando de Magallanes, conocidas como las islas Filipinas, se convirtieron en el bastión de España en Asia. Nombraron a la capital Manila, un puerto magnífico protegido y amurallado contra cualquier incursión enemiga.

Después de la Conquista, cuando la capital de la Nueva España había surgido de las ruinas de Tenochtitlán, el mismo Cortés navegó bordeando el Pacífico viajando hacia el oeste. Guías indígenas llevaron un pequeño grupo de exploradores por la abrupta Sierra Madre Occidental, descendiendo desde los bosques de pinos y valles rocosos hacia profundos barrancos calurosos y hasta lugares de una vegetación tropical exuberante. Cuando apareció el océano Pacífico con sus aguas azules extendiéndose hasta el horizonte, Cortés posó su mirada sobre una bahía que superaba cualquier expectativa: una inmensa herradura protegida por colinas. ¡El puerto podía albergar a toda la flota española! A esta maravillosa bahía los españoles dieron el nombre de Acapulco. Cortés, animado por su ardiente deseo de explorar y conquistar, mandó traer constructores de barcos y se embarcó en el primer navío para explorar el océano. Al naufragar al intentar circundar la punta de una península, que luego se llamaría Baja California, Cortés dio su nombre a este estrecho mar y estableció la Santa Cruz, el puerto de San Sebastián, hoy en día La Paz.

Artesanos nativos muy hábiles con las maderas autóctonas trabajaron juntos con los constructores españoles de navíos para fabricar los primeros buques mercantes que atravesaban el vasto océano Pacífico desde Acapulco a las Filipinas. Pero hasta 1565 no se encontró la «tornavuelta», la corriente y los vientos que podían asegurar el regreso certero a América de los barcos con su cargamento exótico.

Durante siglos las islas Filipinas habían sido una encrucijada cultural y comercial para los chinos, malayos, hindúes y japoneses. Para el año 1571 Manila era un puerto amurallado lleno de actividad regido por un gobernador español, con sus calles repletas de soldados españoles, sacerdotes, oficiales y mercaderes que comerciaban en una docena de idiomas diferentes. Los almacenes y depósitos estaban abarrotados de mercancías exóticas. Pronto los astilleros filipinos construyeron barcos de mayor tamaño, más fuertes y con mejores aparejos de madera de teca y otras maderas más resistentes. Estos galeones regios, conocidos como las naos de China, aportaron a la Corona española tesoros envidiables. Nueva España se convirtió en un puente entre el puerto de Cádiz, en España, y Manila, la virtual puerta de entrada a Asia. Los fabulosos galeones españoles abrieron la ruta para el comercio entre tres continentes: Asia, América y Europa, superando con creces el sueño de Marco Polo y Colón de abrir una ruta comercial al oriente.

Los galeones recorrían nueve mil millas en cada dirección y con frecuencia tardaban un año en realizar el viaje de ida y vuelta. Hasta que no se encontraron los vientos este-oeste y las corrientes favorables para guiar a los navegantes por la ruta tortuosa hacia el este, la orgullosa nao de China llegaba a Acapulco con las tripulaciones diezmadas por los peligros y las enfermedades.

La primera recalada de la nao era generalmente en Alaska y después a lo largo de la costa hasta el cabo Mendocino en el norte de California, donde los misioneros ofrecían canastos de naranjas y limones a las tripulaciones afectadas por el escorbuto. A lo largo y ancho de California los misioneros plantaron huertos de naranjas para dar servicio a los galeones, una vez que se descubrió que los cítricos eran un antídoto contra el terrible escorbuto (19).

Un río de plata mexicana de las minas de Zacatecas, Pachuca y Guanajuato fluía a través del Pacífico. La plata se volvió muy apreciada y valiosa en Asia, como un nuevo material para objetos preciosos. El dólar, o peso de plata novohispana, marcado con un *chop* chino se convirtió en la moneda de cambio más poderosa en el comercio asiático. La plata pagaba por el cargamento proveniente del oriente, y consistía en hierro forjado, baúles de madera perfumada de sándalo, escritorios laqueados, objetos de jade, porcelana fina, textiles de seda y algodón, objetos de marfil labrados, una gran variedad de especias exóticas, joyería de filigrana en oro, etcétera.

Las pequeñas embarcaciones llenaban el puerto de Manila cuando los mercaderes de Borneo, Cambodia, Malasia, Siam, India y China llegaban a las islas Filipinas para exportar sus mercancías. Muchos crucifijos y santos que adornaban los salones de la Inquisición habían sido trabajados por los paganos en China.

El cargamento de Oriente era subastado en Acapulco y la mayor parte se destinaba a otros galeones españoles que esperaban en el puerto de Veracruz. El cargamento de mercancía europea llegaba a Veracruz habiendo sido embarcado en Sevilla y Cádiz; en él había artículos de piel, textiles, vidriería y cristalería, muebles finos y las últimas novedades de la moda. La materia prima enviada desde la Nueva España regresaba como productos terminados: el cuero se convertía en zapatos y el algodón en telas y confecciones. Los pasajeros que viajaban hacia el oeste eran comerciantes, colonizadores y sacerdotes dedicados, cuya nueva misión era convertir a los paganos de Filipinas. Este comercio que abarcaba medio mundo, el comercio con China, realizado por intermediarios y oficiales poco honestos, dio lugar al contrabando y la corrupción.

Los corsarios surcaban las aguas esperando a los galeones españoles como presa codiciada. Además de los piratas, los tifones y los arrecifes —que no figuraban en los mapas— hundieron a muchos de estos reyes de los mares. En los doscientos cincuenta años del comercio con China (de 1570 a 1815 aproximadamente) cuarenta barcos no llegaron a puerto, bien fuera porque hubieran sido asaltados o porque hubieran ido a descansar a las profundidades del océano.

La nao de China o galeón de Manila partía de Acapulco en enero y con suerte regresaba en octubre. Una vez que el barco estaba bien anclado, comenzaba la gran subasta en Acapulco. El administrador de la Corona descargaba el cargamento, imponía «el quinto del rey» (20 %) y otros impuestos y después permitía que los postores de Perú y Europa compitieran con los comerciantes novohispanos por las codiciadas mercancías. Desde Acapulco partían los productos para Sudamérica por barco a lo largo de la costa del Pacífico. Los artículos destinados a España y las compras para la Ciudad de México se cargaban en una recua de mulas en un viaje que atravesaba cañones ardientes, bosques de pinos, subía a las alturas escarpadas y descendía a los valles, ya que la «ruta de China» atravesaba la sierra Madre oriental desde Acapulco hasta el puerto de Veracruz, en el golfo de México. Otras recuas de mulas entregaban plata en lingotes para ser acuñada en España. Villas como San Miguel el Grande (hoy San Miguel de Allende) fueron paradas obligadas donde los animales, los muleros y los guardias militares comían, dormían y descansaban. Desde Veracruz los barcos navegaban con su cargamento valioso hacia Cádiz y a menudo eran presa de los piratas. Francis Drake, un famoso pirata inglés, fue nombrado caballero por la reina Isabel de Inglaterra por sus robos y batallas contra los buques españoles que transportaban tesoros a España. ¡El asalto y robo a los españoles era considerado por los ingleses como una guerra santa contra el papa!

En 1587 Sir Francis Drake destruyó parte de la flota española en Cádiz, y en 1588, en un intento de atacar a Inglaterra, Felipe II de España envió su poderosa Armada Invencible contra su enemigo, la reina protestante Isabel I. En una batalla naval desastrosa, donde la niebla y la tempestad jugaron un papel importantísimo, la gran armada española fue aniquilada.

En 1580 Portugal había sido anexado a España y pronto perdió su comercio con el Oriente, pues la Compañía Holandesa de las Indias estableció allí su supremacía comercial. Toda la riqueza y los beneficios pasaron a manos de los holandeses.

Las flotas francesas y holandesas empezaron a aparecer en el Caribe. Capturando pequeñas islas que utilizaron como bases, llegaron en sus correrías por el sur hasta Panamá, desde donde se embarcaba el oro del Perú para Europa. Los capitanes bucaneros hacían tratos para repartirse el botín y animaban a los oficiales del rey a romper el monopolio del comercio Europa-América.

Las monedas de plata de las minas de Nueva España fueron el medio de transacción en ese comercio tan floreciente. La «pieza de ocho» española, o peso, se conocía como «dólar» por los comerciantes de habla inglesa, ya que era un término derivado de una moneda de plata alemana del siglo XVI llamada *thaler*. Cuando México logró su independencia en 1821, aportaba dos tercios de las riquezas de España. Las naos de China dejaron una marca indeleble en un mundo que se abría a nuevos horizontes de mercancías y culturas.

1620: Juan Pérez Apatzin volvía a sus labores en los campos de maíz y llegando a su choza se echó en una estera de paja. Su mujer, de rodillas en el suelo de tierra abanicaba un brasero en el que se cocían los frijoles; junto a ella un montón de tortillas calientes estaban envueltas en un trapo de algodón. Ella se levantó y le sirvió un vaso de pulque a su marido y después, otro. Pronto estaría ebrio. El líquido blanquecino lechoso fermentado de la planta de maguey, venerada por sus antepasados y que se permitía beber sólo en las celebraciones especiales, era el único escape al hastío y a trabajo constante de su vida. Sentado en una silla de madera, su hijo mayor observaba elevarse el humo y salir por el techo inclinado de la cocina.

De repente el brillo de un relámpago iluminó la choza, seguido del estruendo del trueno.

«Los dioses están gruñendo», dijo Juan en náhuatl. Una veladora parpadeó bajo un cuadro de la Virgen de Guadalupe. «¡Apágala, mujer!», ordenó. Después, de su morral de henequén sacó despacio una figura de piedra del viejo dios de la lluvia, Tláloc, y lo frotó con cuidado. «Tláloc está regando el maíz. Tiemblo sólo de pensar lo que pasaría si el padre Rodrigo se enterara de que guardamos ídolos de piedra», dijo su hijo en español.

Habían pasado cien años desde que Cortés sitiara la ciudad de Tenochtitlán.

Capítulo V

El dominio español

El trueno rodó con gran estruendo desde el norte, donde densas nubes cubrían el litoral atlántico. En la costa lejana hacia el noreste del continente una tormenta cambió su curso milagrosamente sin afectar a una bahía bien protegida donde un grupo de peregrinos ingleses desembarcaban en el territorio reclamado por Inglaterra. Buscando la libertad religiosa, ciento un hombres, mujeres y niños desembarcaron del *Mayflower* una mañana fría de diciembre de 1620, con una carta constitucional de la Corona inglesa.

En 1621, cien años después de que los españoles conquistaran México, se fundó la colonia Plymouth. El Pacto del Mayflower afirmaba la igualdad de todos los hombres ante la ley y la subordinación voluntaria de todos los individuos a la sociedad. Seguidores de Juan Calvino —el reformador que había roto con Roma hacía un siglo—, los derechos individuales y el autogobierno constituían las bases de sus creencias. Puristas y separatistas al máximo, estos puritanos jugarían un papel muy importante. Nueva Inglaterra se convirtió en el bastión del puritanismo en Norteamérica. Los hugonotes holandeses y franceses, huyendo de la persecución religiosa de la Francia católica, cruzaron también el océano y establecieron colonias en la misma costa este de América; asimismo, algunos comerciantes suecos obtuvieron permiso de Inglaterra para establecerse en el Nuevo Mundo. A pesar de los distintos intereses y caracteres, los colonos eran europeos con una cultura similar, y unidos en su celo por defender y aumentar su libertad de religión y autogobierno. Poco a poco fueron adoptando el inglés como lengua común. El jefe de una colonia era el gobernador, y bajo él, un consejo o asamblea era elegido por el pueblo. Las lindes, límites y usos de la tierra se determinaban en las reuniones de la asamblea, y el consejo tenía autorización para cobrar los impuestos de la Corona inglesa.

Tal como sucedió en la Nueva España, Nueva Inglaterra se convirtió en suelo fértil para los productos solicitados en Europa. El azúcar había llegado a la Europa mediterránea desde África a principios del milenio, pero todavía en el siglo XVI era considerada un artículo de lujo. El clima favorable del Caribe había convertido a las islas en campos de caña de azúcar, plantados y cosechados por los nativos. Las sociedades de estas islas se basaban en las grandes plantaciones dominadas por unos pocos españoles.

El azúcar también constituyó un producto importante en la Nueva España. El mismo Cortés se había ocupado de las plantaciones de azúcar en La Española, antes de llegar a Cuba. Sus dos molinos de azúcar, o trapiches, en la Nueva España fueron los primeros en el continente.

El trabajo extenuante y las enfermedades pronto diezmaron a la población nativa del Caribe, debido a su constitución delicada. En los primeros cien años los efectos fueron devastadores, dos tercios de los pobladores nativos murieron por exceso de trabajo o por las enfermedades traídas por los europeos, siendo la viruela la peor de ellas.

Al disminuir la población nativa y aumentar la demanda de azúcar a Europa, los comerciantes portugueses comenzaron a traer gente de raza más resistente, los esclavos africanos. El lucrativo comercio de esclavos fue otorgado en exclusividad a las compañías francesas y holandesas, para proveer a los asentamientos españoles en Haití, Dominicana, Cuba, Jamaica, Puerto Rico y Nueva España. Los españoles recibían los barcos de esclavos en las Indias Occidentales y los vendían a las colonias inglesas. Encadenados y en condiciones de hacinamiento, miles de cautivos negros murieron antes de llegar a ser subastados. Miles más murieron de hambre, crueldad y enfermedades, pero los traficantes, faltos de escrúpulos, acumularon grandes fortunas.

En las colonias inglesas empezaron a surgir grandes plantaciones de tabaco y arroz en las regiones de la costa sur. Más tarde, enormes cultivos de algodón florecieron en el sur y con ello se incrementó el comercio de esclavos. Hoy en día miles de libros describen las injusticias cometidas en este tráfico inhumano de gente, que era secuestrada sin posibilidad de defenderse o comunicarse con sus familias, golpeados, hambrientos y tratados y vendidos como mercancía. Un capítulo infernal de la historia de la humanidad.

Para protegerse del peligro del dominio español en la costa de sus colonias, los ingleses se apoderaron de una isla tras otra. Se establecieron en las islas de Jamaica, Bahamas, Barbados y Trinidad, y en tierra firme tocaron Belice y lo que sería la Guayana británica.

Tampoco los franceses y holandeses desaprovecharon el tiempo y la oportunidad que se les ofrecía.

El Caribe se convirtió en la ruta más viajada del hemisferio occidental, y el espionaje y las batallas fueron frecuentes en las pequeñas islas que constituían perfectos escondites para los piratas. Quien controlaba el Caribe controlaba la riqueza del mundo, y hasta 1898 Cuba, la joya del Caribe, y Puerto Rico permanecieron como plazas fuertes de la Corona española.

El siglo XVII había entrado en Nueva España sin grandes acontecimientos. Las estaciones se sucedían en la alta meseta de Anáhuac. El destino manifiesto de Moctezuma II de mantener vivo al dios-sol para asegurar la continuación del universo había sido reemplazado por el de España de salvar las almas, poblar las tierras y extraer sus riquezas. El sol continuó saliendo por la mañana y poniéndose por la tarde mientras los nombres de los antiguos dioses se volvieron sólo un débil eco en los pueblos. El español era la nueva lengua y el catolicismo la nueva religión. Estos dos factores hicieron posible la unificación de los dominios españoles a la largo de las Américas.

En México el arzobispo gobernaba al lado del virrey. Los conflictos entre la Iglesia y el Estado representaban una fuerte lucha de poder. Si un delincuente se refugiaba en un convento y la autoridad civil trataba de arrestarlo, era acusada de violar la inmunidad de la Iglesia.

Al principio de su reinado, los Reyes Católicos instituyeron la Inquisición para acabar con las herejías. Las mezquitas y las sinagogas habían sido parte del paisaje español durante setecientos años, pero la doctrina de los Reyes Católicos se convirtió en «un país y una religión», y la ley era «convertirse o irse al exilio». La Inquisición era un lazo entre el gobierno civil y la Iglesia, pero bajo la jurisdicción de la Corona y no del papa; poseía autonomía e inmunidad absolutas. Las cortes civiles nunca podían cuestionar sus normas o decisiones. Sólo la inquisición podía investigar, descubrir y castigar a los herejes.

Aunque la Inquisición se había extendido por Francia, Alemania, Italia e Inglaterra desde la Edad Media, los métodos más estrictos se adoptaron en España.

En la Nueva España, cualquier acusación anónima contra una persona por ser judío, bruja, protestante o simplemente por tener una Biblia o un libro prohibido, podía ser causa de arresto. Solamente los indígenas no eran sujetos a la Inquisición, por ser personas que no eran herejes. Desde 1537 Pablo III había declarado que eran seres racionales y que por lo tanto tenían alma.

Durante el periodo de la Santa Inquisición, instituida en la Nueva España en 1571, en los anales sobresale 1596 como el año en que se llevó a cabo el mayor número de arrestos.

Las campanadas del reloj de Palacio despertaron a Pablo a las cinco de la mañana. Se apresuró a levantar a su mujer e hijos. Se vistieron rápidamente, tomaron sus cobijas, su crucifijo y sus lámparas de aceite, deseosos de tomar un buen lugar entre la multitud. ¡El acto había empezado! Juan y su familia corrieron a la calle principal. Presidida por el virrey aparecía la gran procesión. Le seguían sus augustos ministros con sus bastones de oro, y a continuación los Inquisidores elevando su terrible estandarte: la Santa Cruz. Una fila solemne de miembros del tribunal precedían a un centenar de prisioneros, de los cuales nueve iban a ser quemados en la hoguera. «Ya vienen, ya vienen», dijo el hijo menor de Pablo con un grito apagado, mientras la familia se apresuraba. Pablo se estremeció y apresuró su camino entre la multitud.

En la América hispana la Inquisición protegió los dogmas de la Iglesia, más como guardián de la conducta y la moral del individuo que como un instrumento de terror. En realidad la Iglesia nunca estuvo interesada en adaptarse a las ideas progresistas. La Inquisición se abolió completamente en 1812.

Para controlar los inmensos territorios, la administración de la Nueva España dependía de una autoridad rígida y centralizada. El virrey, nombrado por el rey e investido con su autoridad absoluta, tenía jurisdicción sobre todos los asuntos administrativos. Bajo él estaba la Audiencia, como su Consejo Jurídico. Cada provincia era administrada por un gobernador nombrado por el virrey. El cabildo, el consejo local, era presidido por el gobernador y estaba compuesto de alcaldes y corregidores. Los jueces visitaban los territorios y el pueblo era representado por un procurador especial seleccionado por el consejo local. Gremios de comerciantes (consulados) regulaban el comercio. En la capital, un cónsul nombrado por el virrey estaba a cargo de la mercancía que entraba y salía del país. España recibía un impuesto de todos sus súbditos, incluyendo los indios. Además, todas las mercancías que entraban o salían pagaban un impuesto en la frontera que separaba a las provincias.

El virrey se reportaba al Consejo de Indias en Sevilla, creado para aconsejar y orientar al rey en lo concerniente a sus posesiones en América. En los trescientos años de dominio español hubo excelentes virreyes, hombres de visión que ayudaron al país a prosperar e impusieron leyes para corregir sus males. También hubo virreyes corruptos, preocupados por sacar provecho de su posición. El rey nombraba hombres íntegros, educados y cultos para el cargo de virrey, pero el transcurrir de tres o cuatro meses para enviar y recibir mensajes entre España y México se prestaba a corrupción e irregularidades. Los recaudadores de impuestos, que eran oficiales reales, aprovechaban para robar «un poquito más».

En 1680 el Consejo de Indias reforzó la jurisdicción sobre los libros. Se convirtió en juez para decidir qué libros podían ser enviados a la Nueva España: novelas, historias, ensayos, libros de arte, de filosofía e incluso de astronomía fueron prohibidos. A pesar de que la primera imprenta había llegado a América en 1535, el Consejo de Indias tenía el control de lo que ahí se imprimía. Solamente libros de virtudes cristianas debían ser leídos por los súbditos educados de la Corona. El indio que podía leer estudiaba el catecismo, y algo de latín y retórica. Ejemplares de Homero, Virgilio, Dante, Kepler, Copérnico, Góngora o Cervantes se podían ver solamente en las bibliotecas de unas cuantas familias privilegiadas, la corte erudita y las instituciones religiosas.

José, nieto de Juan Pérez Apatzin, había hecho un buen matrimonio, su mujer, una mestiza, había dado a luz a una hija de piel blanca que iba a la escuela parroquial. María Isabel era una niña piadosa y su inteligencia había llamado la atención del sacerdote de la parroquia. Él mismo la había enseñado a leer.

«Quiere entrar en el convento», dijo su madre. «Como puedes ver, le gustan más los libros que los hombres».

José y su esposa eran católicos devotos pero no entendían mucho del rito de la misa, que se decía en un idioma que ni siquiera era el de los conquistadores: el latín, una lengua que estaba aprendiendo su hija. «Prenderé una veladora a San Francisco», dijo José, «y rezaré para que sea admitida». Tener un hijo o una hija en la Iglesia daba mucho prestigio, por lo que muchos y muchas jóvenes de la clase alta entraban al convento. «Asegúrate de que lleve al padre Alfaro nuestro gallo más hermoso, y el queso que hice ayer, su favorito», le recordó su esposa.

Dentro de las paredes del convento una de las mujeres más inteligentes escribía sus famosos poemas. En 1689 los escritos de la más importante poeta del mundo novohispano se publicaron como parte de una gran obra de tres volúmenes y esto le confirió el título de la décima musa de América. Sor Juana Inés de la Cruz era una monja cuya biblioteca particular contenía más de cuatro mil libros. Nació en 1678 y a los tres años de edad ya podía leer. Siendo una hermosa joven criolla había sido educada en la corte del virrey. Su inteligencia había sido puesta a prueba en una disertación oral frente a los eruditos de la corte, en la cual demostró sus grandes conocimientos y su habilidad para razonar. Los asistentes se sorprendieron de las largas citas en latín sobre asuntos teológicos y filosóficos. El virrey comparó el encuentro a «un galeón real siendo golpeado por una flota de esquifes». La ciencia y la religión no eran disciplinas separadas, expuso la joven de quince años, siempre y cuando fueran inspiradas por un fin humanista. Su más vivo deseo era estudiar y escribir, en una época en que se consideraba suficiente que la mujer leyera sólo lo que era necesario para la salvación de su alma y la salud de su cuerpo. En el aspecto social existían tres clases en tiempos de sor Juana: la eclesiástica, la corte y el pueblo. No era bien visto que una mujer expresara su opinión y menos todavía que expresara una pregunta; si deseaban hacer una pregunta, tenía que ser a su esposo dentro de su casa, era la regla.

¿Dónde, si no en un convento, protegida por el hábito de monja, podía una mujer satisfacer su gran deseo de estudiar? A los diecisiete años, sor Juana, no deseando un futuro de total sumisión y sujeción a las tareas matrimoniales, decidió ingresar a la Orden de Carmelitas Descalzas. No soportó la dureza de la regla carmelita y se mudó al convento de San Jerónimo en la Ciudad de México. Sus obras comenzaron a circular dentro y fuera de la Iglesia, en España, en Portugal, en América del Sur y sobre todo en la Nueva España. Fue criticada por un obispo de México y se prohibió la lectura de sus libros. Sor Juana quemó su biblioteca. Todavía en su juventud hizo voto de extrema pobreza, sirvió como voluntaria para atender a las víctimas de tifo y murió de esa espantosa enfermedad en 1695.

En la ciudad de Puebla, a los pies del volcán «de la mujer dormida», una contemporánea de sor Juana también dejaba su marca en la historia: la China Poblana, una señora de origen chino.

Manila no sólo era el centro de comercio con Oriente, sino el centro de un cruel mercado de esclavos. La leyenda declara que con engaños y a la fuerza mujeres chinas, hindúes y polinesias eran capturadas y llevadas a los calabozos para esclavos de Manila, destinadas a los hombres de gran riqueza en países lejanos. Se dice que esta china había sido una princesa en el harem de un sultán a las orillas del río Mekong. Era muy apreciada por su belleza y su regia presencia. Destinada a ser la concubina de un virrey déspota y cruel, la providencia dirigió su camino al hogar de una familia católica en Puebla, bajo cuya tutela se hizo muy devota de la Iglesia y se dedicó a hacer buenas obras. Sin embargo, es más recordada por su original forma de vestir. Se le nombró «china» porque su falda de castor procedía de China, con lentejuelas y chaquiras de Oriente; y «poblana» porque era una «mujer de pueblo», no porque fuera de Puebla. La China fue enterrada en el panteón de un convento de Puebla en 1690 y es un ejemplo de la influencia oriental en el México de la época.

Durante el siglo XVII el sol no brillaba con su esplendor característico, estaba escondido entre nubes oscuras, provocando tormentas y vientos de descontento tanto en la madre patria como en sus posesiones americanas.

Una catástrofe tras otra puso fin al dominio de España en Europa y en las nuevas conquistas de América. El poder de España disminuyó paulatinamente. Tres reyes débiles de la Casa de Austria, más interesados en resolver las posesiones heredadas en Europa que en resolver la crisis doméstica y los problemas en el extranjero, se dedicaron a hacer la guerra en Europa, perdiendo como resultado Holanda y Austria, y tras un intento prolongado de unificación, también Portugal.

En la península ibérica la sequía causó grandes estragos en los cultivos y el hambre produjo protestas y levantamientos. Tres epidemias de plaga aparecieron en Europa en ese siglo, matando a un millón de españoles. Las guerras también diezmaron la población, y la expulsión de los moriscos contribuyó a que se perdieran miles de ciudadanos productivos. Los pueblos estaban vacíos y muchas industrias dejaron de operar en España.

Para aumentar las desgracias, la producción de plata en la Nueva España disminuyó notablemente. La plata había sido el motor del desarrollo económico en gran parte de Europa durante más de cien años. Las guerras y los excesos y lujos de la vida de la corte fueron pagados por la plata y el oro de la Nueva España. Al aumentar las deudas de la Corona se exigía más plata y se incrementaban los impuestos al máximo.

En la Nueva España se presentó una catástrofe tras otra: el trabajo extenuante y las epidemias habían reducido la población nativa. El viento soplaba polvo seco sobre las tierras sin labrar, apergaminadas por la sequía. La fiebre amarilla, una enfermedad nueva, se propagó en Veracruz. En Yucatán, los mayas que no querían estar bajo el yugo de España se rebelaron y mataron al gobernador, así que la pequeña guarnición del virrey quedó encargada de acabar con los levantamientos ciudadanos en la capital. Los indios de Oaxaca también se rebelaron, los franceses saquearon Veracruz y el pirata inglés Henry Morgan quemó y saqueó el puerto de Panamá, impidiendo así el paso del oro inca y la plata de la Nueva España hacia España.

Se construyó el puerto de Pensacola para proteger a Florida. Al norte, los franceses habían tomado posesión del vasto territorio de Luisiana y los ingleses se habían instalado en Virginia. A finales del siglo una revuelta de ciudadanos hambrientos casi destruyó en 1692 el palacio municipal y el Real Palacio en la gran plaza de la Ciudad de México, capital de la Nueva España. Criollos, mestizos e indios se rebelaron juntos contra los precios exorbitantes del maíz y otros productos básicos. El rígido mecanismo de control, base de la sociedad de la Nueva España, empezó a mostrar fisuras.

EN LAS SELVAS DE LA NUEVA ESPAÑA, LOS DIOSES REÍAN MIENTRAS EL DIOS SOL BRILLABA ESPLENDOROSO SOBRE LAS COLONIAS INGLESAS DEL NORTE.

Las colonias inglesas prosperaban gracias al comercio creciente, protegido por la armada inglesa. Las fortificaciones y los puertos españoles en el Caribe estaban mal defendidos. La colonia holandesa de Nueva York y la población sueca de Delaware eran aliadas cercanas de las colonias inglesas. En 1643 las trece colonias, después de pagar sus deudas a los capitalistas que habían financiado sus viajes, se unieron en una confederación. En la segunda mitad del siglo XVII empezaron a surgir nuevas industrias en Rhode Island, Nueva Jersey y Pensilvania, y el tabaco de Virginia, el arroz de Carolina y el azúcar de las Indias Occidentales aportaron enormes ingresos a las colonias.

La espada había sido el arma de los españoles, el mosquete fue el arma de protección del colono protestante. Los indios de Norteamérica eran nómadas, seguidores del búfalo, tramperos y madereros. Al principio fueron amistosos, pero al verse invadidos en sus tierras atacaron a los colonos, quienes repelían los ataques con armas de fuego. Las mujeres pioneras se defendían con sus hombres y las colonias se unieron en defensa de los furiosos ataques de los indios. Metódicamente se exterminó a la población india.

Al principio se empleaban sirvientes blancos para trabajar en los campos, pero al concluir los siete años de servicio y convertirse en amos, se necesitaron negros para la agricultura. En 1689 España traspasó el lucrativo negocio de los esclavos a los ingleses, en un intento de disminuir los continuos ataques en el Caribe.

A diferencia de los conquistadores españoles, las mujeres habían acompañado a los colonos ingleses al Nuevo Mundo; trabajaron a su lado y heredaron las tradiciones y la moral inglesa a las siguientes generaciones. Sin embargo, un niño cuya sangre era mezcla de un europeo blanco y un indio o un negro era rechazado y considerado un «descastado» *(crossbread)*.

Las ciudades crecieron al volverse el comercio mercantil más próspero y atrayente para un mayor número de colonos blancos. El código de ética era el trabajo duro y la disciplina. Surgieron hileras de casas de madera separadas sólo por pequeñas cercas, que se multiplicaban alrededor de la plaza principal. Una iglesia simple, de madera, era el centro de la vida social. El celo protestante era tan fuerte en el norte como el catolicismo lo era en el sur. Se llegó al extremo de que en 1692 un grupo de mujeres histéricas fueron acusadas de brujas y quemadas en la hoguera en Salem, Massachusetts.

EN 1682 UN ASTRÓNOMO INGLÉS, EDMUND HALLEY, OBSERVÓ UN COMETA, CALCULÓ SU ORBITA Y PROYECTÓ SU REGRESO PARA 1757. EN LA NUEVA ESPAÑA, UN INDIO CONVERSO OBSERVÓ LA ANTORCHA DE DIOS ILUMINANDO LA NOCHE Y SINTIÓ SURGIR UNA NUEVA ESPERANZA.

Con la muerte de Carlos II en 1700 terminó el reinado de la Casa de Austria y llegaron los borbones franceses a gobernar en España. El nieto de Luis XIV fue Felipe V, el primer rey de la nueva dinastía.

Capítulo VI

De Nueva España a Sudamérica

El dios sol se despojó de su manto gris y brilló con toda su gloria. En el siglo XVIII la Nueva España alcanzó su momento de máximo esplendor.

Algo espontáneo estaba emergiendo de las cenizas de Tenochtitlán: un sentido de unidad extraído de culturas y creencias totalmente incongruentes. El vacío espiritual había sido llenado, la devoción a un panteón de santos y patrones de cada pueblo se reflejaba en fiestas alegres donde los antiguos ritos de la muerte encontraban su lugar en las calaveras de azúcar y las máscaras. Con mayor conocimiento de las necesidades de sus feligreses, los sacerdotes locales permitían incorporar algunos ritos antiguos al culto de los festivales cristianos y las fiestas religiosas eran una explosión de fuegos artificiales, música y bailes. En la capital, donde el virrey y el arzobispo continuaban con su lucha por el poder espiritual y secular, cada uno de ellos patrocinaba fiestas con máscaras donde se unían todas las clases. Las antiguas lenguas quedaban relegadas a las áreas remotas. El lenguaje común, la misma religión, un comercio compartido y nuevas costumbres permitían al novohispano alzar su vista y mirar de frente.

Las maquinas fueron introducidas en las fábricas textiles y tenerías; pequeños negocios florecieron en las ciudades. El artesano era un propietario y los mineros recibían un sueldo. Para mediados del siglo los trabajadores de las fábricas de tabaco pidieron una jornada de 14 horas, y aunque su petición fue denegada se creó un sentido de unidad entre los trabajadores.

Edificios de piedra labrada y de tezontle embellecían las calles de las ciudades virreinales, y los arcos y soportales adornaban las plazas sombreadas por árboles. Los pretendientes tocaban su guitarra bajo los balcones de sus novias. Las familias estaban muy unidas y protegidas detrás de altos muros.

El empuje de los misioneros en los siglos XVII y XVIII hizo construir ciudades importantes en las provincias donde los maestros constructores edificaban catedrales magníficas, edificios municipales y casas imponentes. Ejemplos de ello son Puebla, Oaxaca, Taxco, Querétaro, Guadalajara, Valladolid (hoy Morelia), Aguascalientes, Zacatecas y otras ciudades de la meseta central. Caminos pavimentados con adoquines confluían en la capital. La gente podía desplazarse más fácilmente, ampliando así sus horizontes y fortaleciendo el sentido de pertenencia al país. Las montañas, los cielos azules que parecían extenderse al infinito dominaban el paisaje en el que las cúpulas de las iglesias y sus torres sobresalían por encima de las ciudades.

En la capital fue construido en el siglo XVII el primer sistema de drenaje para desalojar el agua que inundaba constantemente las calles. Grandes maestros de pintura europea fomentaban la pintura y la escultura autóctonas. Obras de arte magníficas de artistas novohispanos empezaron a sobrepasar a las de los maestros europeos y adornaron las catedrales y los palacios gubernamentales por todo el reino de la Nueva España, siendo el tema religioso el que prevalecía.

Se permitió la entrada de libros y en 1788 se estableció la Biblioteca Metropolitana para el uso de los eruditos y más tarde para todo público. Gracias a un virrey visionario los archivos de la Nueva España, escritos en su mayoría por misioneros e indios que quedaban, fueron organizados y almacenados en el Palacio Real en 1790.

La clase profesional creció al fundarse las universidades y las academias de arte.

En general, la vida en el siglo XVIII era apacible, y su monotonía era rota solamente por las fiestas, los días de mercado, las corridas de toros, las peleas de gallos, los bailes y las subastas ruidosas de los productos importados de España y las Filipinas.

Las haciendas pertenecían principalmente a los criollos, quienes controlaban estrechamente a sus labradores indígenas. Tal como las plantaciones inglesas del norte, las haciendas eran un oasis en la campiña. Estas vastas extensiones de terreno, favorecidas por el clima templado y tropical del país, alimentaban a toda la nación y exportaban gran variedad de productos: café, azúcar, frijol, maíz, trigo, arroz y tabaco.

Los charros, equivalente mexicano de los *cowboys*, formaban una clase especial en las haciendas al adquirir mayor importancia el ganado. Más tarde desarrollaron habilidades especiales para lidiar con los toros bravos. Los charros se caracterizaron por el arte con la reata y el jaripeo. Las sillas de montar y las correas estaban adornadas de plata, al igual que sus pantalones negros estrechos y sus sombreros.

Con la proliferación de las minas y las haciendas, las capillas familiares alcanzaron su esplendor, con sus altares barrocos resplandeciendo con hoja de oro, complementados por pinturas magníficas y objetos de plata. Los trabajadores indios de las haciendas estaban bien alimentados y cuidados en general, pero en algunas minas de plata todavía existía la crueldad y la ambición desenfrenada de los patronos.

A mediados del siglo XVIII fray Junípero Serra decidió ir hacia el norte a establecer asentamientos en territorios septentrionales. Los misioneros lograron lo que no habían podido hacer los soldados.

Fray Junípero Serra consideró la altura de la Sierra Gorda un reto cuando, junto con un pequeño grupo de franciscanos descalzos, comenzó el ascenso. Había llegado de España en 1749 y decidió inmediatamente fundar misiones en la Sierra Gorda y más allá, a unos trescientos kilómetros de la capital. Allí se encontraba la frontera natural entre los indios sedentarios de la meseta central y las tribus de cazadores nómadas del norte. Se decía que el otro lado del territorio solamente ofrecía un paisaje seco, abrupto, con pocos recursos. Fray Junípero tenía un plan para evangelizar a los indios: escogería lugares donde existiera agua y sembraría semillas, y pronto estas producirían cosechas y huertos. Primero aprendería el idioma, después daría de comer a la gente y finalmente empezaría a construir la iglesia. Los indios eran curiosos y observarían lo que se iría haciendo. Los reclutaría a ayudar y así construirían también viviendas de adobe alrededor de la misión. «¡Sé ejemplo de lo que predicas!», pensaba este fray.

Hombres de habilidades diversas bajo la dirección de los misioneros aprendieron diferentes oficios: carpintería, pintura, escultura en piedra, música, trabajo con la madera estofada, etc. Las mujeres aprendieron tareas domésticas útiles. Estos sacerdotes dedicados, inteligentes, bondadosos y de gran moral fueron respetados y tratados como verdaderos padres de los indios. Por eso en español a los sacerdotes se les llama *padres*.

Cuando los misioneros se establecieron, una vez que se habían adentrado en territorio aislado, formaron un conjunto que incluía un fuerte militar que protegía a la comunidad contra las expediciones de los indios o los malhechores. Huertos y jardines daban un toque de serenidad al conjunto residencial. La vida social de la población estaba centrada en la misión.

Desde la Conquista el comercio con la Nueva España estaba muy controlado al mundo exterior. Los barcos extranjeros no podían anclar en sus puertos. Todo el comercio era reglamentado por el Consejo de Indias en Sevilla. La actividad comercial se reducía a la exportación de mercancía hacia y desde España. Solamente el puerto de Cádiz estaba autorizado para recibir o enviar los productos de y hacia América (20). Su puerto era atacado continuamente por corsarios bárbaros, la flota inglesa y otros bandoleros.

Al otro lado del Atlántico, el consulado en la Ciudad de México se encargaba de todo el comercio. Bajo los consulados, o gremios mercantiles, cobraban los impuestos por ventas o por importaciones, y «el quinto real». Concedían o vendían contratos a los comerciantes locales. Como miembros de la élite en el consulado, los grandes comerciantes en la capital gozaban de un monopolio sobre toda la mercancía que entraba o salía del territorio. Eran dueños de las tiendas más importantes, grandes importadores y exportadores en las ferias importantes de Acapulco y Veracruz, así como en las ferias de ganado de las provincias. El «repartimiento» o distribución de las materias primas y de los productos terminados estaba bajo el mando del corregidor.

El comercio dentro de una provincia o entre provincias estaba regido por los comerciantes que compraban permisos del consulado y cobraban el impuesto en la aduana que existía en la frontera de cada provincia. Además el comprador debía pagar un impuesto sobre la mercadería que compraba. El corregidor era el magistrado principal del virrey en el escalafón administrativo de la provincia. Recibía el dinero de los comerciantes para comprar los productos nativos que vendería después a las ciudades mineras, cuyo abastecimiento dependía de este «circuito».

Los indios pagaban por las materias primas y algunos «lujos» tales como telas, aceite, arroz y harina, endeudándose a cuenta de lo que producirían después. Este sistema de crédito tan arbitrario generalmente dejaba al deudor sin poder pagar lo que debía.

Los vendedores ambulantes, el trueque en los mercados locales, las ferias y los graneros controlados por las cooperativas o las ciudades ayudaban al abastecimiento de las necesidades locales. Este sistema de distribución era el mecanismo que mantenía los productos, incluyendo el oro y la plata, bajo un control y una circulación estrictos. Los intermediarios prosperaban, se practicaba el soborno, el contrabando y la corrupción.

Existían dos tipos de propiedad rural: las tierras comunales y la propiedad individual. En los tiempos prehispánicos los calpulli o las ciudades trabajaban las parcelas agrícolas en común, cultivándolas para el beneficio de la comunidad. Este sistema fue restablecido por los españoles con el nombre de *ejido:* la tierra pertenecía a la Corona, pero las parcelas se concedían en propiedad al agricultor y su familia. Las propiedades se habían vuelto de gran interés para la Iglesia, pues con sus rentas fundó escuelas, hospitales, realizaba obras de caridad, mantenía a la élite eclesiástica y costeaba las obras de arte religiosas.

Además del exquisito trabajo de orfebrería y las artesanías locales, el tabaco, los artículos de cuero y las telas se podían comerciar entre las provincias siempre y cuando se pagaran los impuestos correspondientes y se hubieran cubierto las cuotas de exportación. El café trasplantado de África se transformó en un producto de suma importancia en la Nueva España, y con el invento de la desmotadora la producción de algodón también aumentó sustancialmente. Para fines del siglo la dependencia de la Nueva España del Viejo Mundo era mínima en cuanto a productos. Asia proporcionaba las riquezas que se podían comprar y el comercio ilegal con las islas era más barato y más cercano que con Europa.

Las joyas algo opacas de la Corona de España brillaron con nueva luz al ser colocadas en la cabeza de Carlos III en 1759. Este rey había ocupado el trono de Italia y traía una nueva visión al mandato que ejercía de sus antepasados.

Cuando Carlos III ascendió al trono, recibió noticias alarmantes de la ocupación de Quebec por los ingleses. El imperio del enemigo acérrimo de España se había extendido por el mundo y comprendía India, Australia, Nueva Zelanda y Canadá. Se había infiltrado también en el Caribe y era una espina en el talón de España: Gibraltar. El propio imperio de España en América se estaba resquebrajando. Las rebeliones se sucedían desde la Nueva España hasta la punta de Sudamérica. Carlos III no tenía otro remedio que mantenerse en guerra contra Inglaterra para proteger las posesiones del Caribe. Sus galeones no podían pasar por esas aguas infestadas por piratas ingleses. Para empeorar la situación, Inglaterra ocupó La Habana y Manila, en 1762 y 1763, desestabilizando así a los dominios españoles. Con astucia, Carlos III le ofreció el este de Florida, desde la bahía de Pensacola al norte, a cambio de sus valiosas islas. Pero Inglaterra exigió parte del cargamento de plata que llevaban los barcos, para dejarlos pasar por el Atlántico. A pesar de que los dos países estaban en guerra, Carlos III logró un acuerdo secreto: dar el diez por ciento del cargamento a cambio del paso ininterrumpido hacia España. En su acuerdo, el rey inglés dijo: «Si se hace público este acuerdo, lo negaré tajantemente».

¿Cómo es que Inglaterra sacaba más provecho de las mercancías de sus colonias americanas que España de sus vastos dominios? Carlos III se daba cuenta de que Cádiz era un nido de ladrones, con una red de agentes extranjeros relacionados con Nueva España, Perú y Filipinas. El contrabando, la corrupción y el soborno eran la base del comercio.

Tenían que pagar una cantidad considerable a Inglaterra por dejar pasar libremente los barcos provenientes de América que transportaban oro y plata, y las otras mercancías.

Los indios, que formaban el sesenta por ciento de la población de la Nueva España, cultivaban la mayor parte de la tierra productiva. ¿Por qué las cosechas eran tan pobres? Un ministro del tesoro había escrito con anterioridad: «La libertad es la base del comercio y sin ella no puede prosperar. Las colonias son un enorme mercado potencial para la propia España, y para lograrlo tiene que crecer su propio comercio». Los habitantes de las colonias necesitaban mayores ganancias. ¡Dinero! ¿Por qué importar el cuero y exportar zapatos caros cuando se podían fabricar en América? Las colonias inglesas producían mercancías de buena calidad. Boston y Nueva York tenían industrias florecientes produciendo ingresos para las colonias y eran asimismo un mercado importante para Inglaterra. La mayoría de las industrias habían sido prohibidas en la Nueva España para no competir con el mercado de España. Sólo se permitía la producción de telas, muebles, artesanías y metales. La Nueva España exportaba sus productos, pagaba una miseria al productor y dejaba solamente la cantidad suficiente para el consumo local.

Las colonias inglesas eran pequeñas posesiones territoriales cuyo autogobierno ahorraba a la Corona muchos quebraderos de cabeza. No eran virreinatos que abarcaban un continente… El rey

Carlos III estudió el caso y decidió bajar los impuestos, aumentar las manufacturas y hacer más efectivos los métodos de producción, especialmente la minería.

En 1765 Carlos III envió a la Nueva España a José de Gálvez como visitador. Gálvez era astuto, honrado y estaba preparado para hacer una auditoria completa del estado financiero de la Nueva España, su posesión más preciada. Asimismo tenía la tarea de realizar un censo de la población y un estudio de todas las empresas en las que participaba la Corona. ¡Nadie quedaba exento de esta investigación y Gálvez debía reportarse directamente con el rey!

Con la total autoridad del rey, Gálvez y su séquito comenzaron a descubrir la corrupción e ilegalidad del «repartimiento», con lo cual se granjeó enemigos entre los intermediarios. Enderezó el sistema judicial y disminuyó el poder de los consulados, rompiendo así el monopolio de los negociantes que controlaban todo el comercio. Reestructuró las aduanas y los sistemas de tributación. Se permitió a los indios comprar y vender libremente. Impuso una tasa mercantil muy alta, que provocó el descontento de los comerciantes, pero Gálvez se mantuvo firme.

En España, el rey Carlos III abrió once puertos al comercio con las provincias de ultramar, rompiendo así el monopolio de Cádiz. También permitió a las islas del Caribe que comerciaran directamente con España. Se instaló un sistema de intendencias o distritos administrativos. Un intendente era un administrador nacido en España, responsable al Consejo de Indias, no al virrey.

El rey pensó que unificando la organización administrativa y fiscal de la Nueva España podría resolver sus problemas. Pero sus «reformas ilustradas» no tomaron en consideración la transformación social.

El viento lanzaba fuertes lamentos mientras doblaba los altos pinos, los robles raquíticos y las palmeras tropicales en su paso por las provincias, donde las misiones de adobe cerraban sus puertas. Las tormentas anegaban escuelas, hospitales, orfanatorios, refugios y asilos.

En 1767 los jesuitas fueron expulsados de la Nueva España por orden de Carlos III. Ciudadanos enfurecidos arrojaban piedras a los edificios gubernamentales y al ejército. En la ciudad de San Luis de la Paz miles de mujeres indígenas formaron en protesta una verdadera muralla humana. En Guanajuato los mineros trataron de esconder a los jesuitas, sus maestros, en las minas, pero fueron apresados y ahorcados.

Todos los aspectos de la vida en la Nueva España estaban subordinados a la religión. Sólo los ricos podían enviar a sus hijos a estudiar a España para educarse en humanidades no religiosas. La educación estaba en manos de la Iglesia, la cual influía así en el carácter, la conducta y las ideas. Las monjas estaban a cargo de la educación de las niñas, y los niños aprendían a leer y escribir en colegios para varones, pero eran los jesuitas quienes eran los verdaderos educadores con su gran dedicación y sus conocimientos. Los sacerdotes de la Compañía de Jesús proponían una filosofía liberal en contra de los abusos de los soberanos y alentaban la discusión. Con su apoyo, criollos y mestizos estudiosos pudieron introducir secretamente libros en francés, que exponían las nuevas teorías que se estaban gestando en Europa.

Acusados de sedición por el monarca español, los jesuitas fueron expulsados de todas las posesiones de América, Filipinas y de la misma España.

LAS FLORES DE LOS NARANJOS SE SECARON Y LAS OLAS SE ESTRELLARON EN LA COSTA DE CALIFORNIA. LOS JESUITAS SE HABÍAN MARCHADO.

Rápidamente los franciscanos y algunos dominicos fueron asignados a las misiones. Tras establecer misiones en las montañas de la Sierra Gorda, el fraile Junípero Serra y su grupo de franciscanos descalzos bajaron de las alturas del centro de México y atravesaron los áridos y ardientes territorios del norte. Fundaron una misión en San Antonio y viajaron hacia el oeste a través de El Paso y San Diego. El padre Serra todavía se recuerda hoy en la misión de San Juan de Capistrano en el sur de California.

Se fundaron misiones en Nuestra Señora de los Ángeles, Santa Bárbara, Monterrey y San José. El clima moderado, el suelo fértil y el agua abundante produjeron una economía floreciente, orgullo de los californianos.

Al viajar hacia el norte, el padre Serra descubrió una hermosa y amplia bahía y una península hoy llamada Golden Gate. Las poblaciones nativas eran amistosas y pacíficas. Tras reportar sus descubrimientos al virrey, este envió una expedición para construir un fuerte y un asentamiento alrededor de la pequeña misión de San Francisco.

En 1775 se fundó la misión de Santa Clara.

Temiendo que los ingleses o los rusos ocuparan los territorios del Pacífico, los españoles fundaron veintiún misiones-fuertes y asentamientos a lo largo de la costa de California hasta llegar a Oregón. Estos asentamientos tenían que ser autosuficientes y los misioneros franciscanos tenían poco contacto con sus superiores de la capital, y menos aún con los de Roma.

DESDE 1775 SE ESCUCHABAN PALABRAS EN EL VIENTO, PALABRAS EN INGLÉS, PALABRAS SUSURRADAS QUE PREDECÍAN BATALLAS: LEXINGTON Y CONCORD… LA PALABRA «INDEPENDENCIA» RESONABA CON FUERZA.

Veracruz hervía en rumores: se decía que los colonos de Boston habían vertido té caliente sobre la cabeza del recaudador de impuestos inglés. Se escuchaban nombres importantes… Bunker Hill, Filadelfia… ¡Las colonias inglesas habían emitido una Declaración de Independencia! Inglaterra había enviado regimientos de gran experiencia y veintinueve mil mercenarios apoyados por la Marina. Carlos III había vuelto a declarar la guerra a Inglaterra. Barcos españoles salían en secreto de Cuba con armas y dinero para los colonos rebeldes ingleses… La flota francesa había entrado a la bahía de Chesapeake para ayudar al general George

Washington que estaba sitiado... Se había ganado una batalla en Yorktown... En 1783 Inglaterra perdía sus trece colonias.

En la corte del virrey se reunían los responsables del gobierno, los rumores de conspiraciones por parte de los criollos descontentos debían ser atajados de cuajo. Gálvez no perdió tiempo en instituir el servicio militar obligatorio (la leva). En 1764 se forma el ejército regular en la Nueva España. Ahora, bajo las órdenes de Gálvez, todos los hombres, independientemente de su casta, que estuvieran entre los dieciséis y los cincuenta años tenían que registrarse en las listas del ejército.

Para defender a Veracruz se alistó a trabajadores negros y mulatos. Cinco mil trabajadores construyeron el fuerte de San Juan de Ulúa, una fortaleza formidable de piedra que podía ser vista desde cualquier lugar de la bahía. ¡Se temía que Inglaterra, la eterna enemiga de España, tratara de ir hacia el sur! Se desplazaron unidades militares a los fuertes de los territorios del norte y Gálvez mismo encabezó una expedición militar que sometió a los indios de Sonora.

A José Gálvez se le concedió el título de marqués de la Sonora y en 1785 fue nombrado Secretario Universal de las Indias en España. Su hermano fue virrey, y un sobrino, gobernador del territorio de Luisiana. Había seguido los pasos de su hermano, acompañándolo personalmente en una expedición a Texas, donde dio el nombre al puerto de Galveston.

1793, Don Antonio de Alba y Ramírez tenía los modales afables y corteses y el carácter práctico de su padre español, y el sufrimiento estoico y miedo intrínseco de su madre mestiza. Había trabajado duramente desde que era niño, empezando con unas cuantas cabezas de ganado e invirtiendo todo cuanto tenía para aumentar su ganado y su tierra. Sus hijos habían comenzado el negocio de la carne y las pieles. La nueva curtiduría tenía gran porvenir. Ahora dedicaba su tiempo a sus pasatiempos: criar toros bravos y gallos de pelea. Hacía un año que su hijo mayor se había ido a España para aprovechar las conexiones de familia y empezar un negocio de exportación de artículos de piel. Sin embargo su cabeza estaba más llena de ideas políticas que de negocios. Había asistido a la escuela en San Miguel el Grande, donde, a pesar de que los jesuitas se habían marchado hacía tiempo, la escuela estaba produciendo una nueva camada de jóvenes inteligentes de pensamiento liberal. El muchacho traería buenas noticias a casa.

Cuando don Antonio llegó a San Miguel para recibir a su hijo, su propia mente estaba llena de pensamientos conflictivos. Ese país nuevo, en el norte, que se llamaba a sí mismo Estados Unidos de América estaba causando estragos. Su Carta de los Derechos aparecía y se discutía en cada conversación, produciendo división entre amigos y familiares. Sólo la presencia de las fuerzas del rey en San Miguel había evitado una rebelión. Su hijo más joven defendía vehementemente las ideas de un hombre llamado Tomás Jefferson. ¡Más le valiera estar pensando en la Escuela Real de Minas que acababa de abrirse en la capital! Las minas de Guanajuato necesitaban hombres bien capacitados y las inversiones mineras podrían ser un buen futuro. Don Antonio meneó la cabeza preocupado.

Para celebrar el regreso del joven Toño, la familia se reunió alrededor de su larga mesa para escuchar los incidentes de sus viajes: «Les digo que están asustados y el rey Carlos va a apretar y a sujetarnos más aún», dijo el joven. «Estuve en Sevilla el mes de junio pasado cuando llegaron noticias de Francia: una multitud había invadido las Tullerías en París y puesto en prisión a la familia real. Habían asaltado la Bastilla y ejecutado a Luis XVI y poco después a la reina María Antonieta». Pasándose la mano por el cuello dijo: «la guillotina».

Capítulo VII

La Independencia

El siglo XIX se inauguró con el sobresalto y temor que pusieron los nervios de punta a toda Europa. La revolución se sentía en el aire. «El rey ha muerto, viva la república», era el grito en Francia.

En París un joven oficial había presenciado la ejecución de Luis XVI y de María Antonieta en 1793. El amor de Napoleón Bonaparte hacía la revolución y el odio hacia la debilidad del rey francés le otorgó un sitio inmortal en la historia. Pronto, Europa se tambaleaba mientras el capitán fue ascendido a general y combatía a un país tras otro.

La marcha de Napoleón no tenía precedente en la historia militar: Lodi, Milán, Arcol, Rivoli, Viena, Roma, Ginebra, Berna, Malta, el reino de Nápoles... Al otro lado del Mediterráneo los turcos fueron vencidos y El Cairo ocupado.

Para fines del siglo XVIII Napoleón fue elegido Primer Cónsul de la República Francesa; Austria e Italia eran suyas. Después de setecientos años cesaba de existir el Sacro Imperio Romano.

La estrella de Napoleón seguía en ascenso. Salvador de la República, dueño de Europa... En 1804 Napoleón se ciñó él mismo la corona de Francia en presencia del papa en París. ¡Se nombró emperador! En 1805 se volvió a coronar en la catedral de Milán. Las batallas se sucedían: Austerlitz, Jena, Berlín... ¡Pero Inglaterra era una espina! El apoderarse de los buques mercantes, el cierre de todos los puertos a los barcos ingleses provocó que «el león» rugiera en todas las islas británicas. Napoleón puso a sus hermanos José, Jerónimo y Luis Bonaparte en los tronos de España, Italia y Holanda, respectivamente. Disolvió el Tribunal en Francia y su estrella alcanzó su cenit. Su poder fue entonces absoluto y soberano.

1808. Las disputas en España sobre la corona de Carlos IV, un rey débil obligado a abdicar en su hijo Fernando VII, dio la excusa a Napoleón para invadir España. Era el momento de apoderarse del trono de Madrid. Con la excusa de abrir un frente en Portugal, aliada de Inglaterra y la eterna enemiga de España, consiguió su deseo, trajo a su hermano José de Italia y lo coronó rey de España.

Cuando la noticia llegó a la Ciudad de México el pueblo se llenó de asombro. ¡El rey ya no existía! Napoleón había secuestrado al rey, lo había hecho abdicar y lo había enviado a Bayona a un exilio forzoso, mientras su hermano, José Bonaparte, ocupaba el trono de España. En el Palacio de la capital de la Nueva España el virrey se preguntaba qué debía hacer. ¿En nombre de quién gobernaba ya? ¿A quién se debería reportar? Los miembros del cabildo le habían propuesto formar una junta con los gobernadores de las ciudades y las autoridades locales como delegados para gobernar hasta que Fernando VII fuera restaurado en el trono. Parecía una solución razonable ya que en España se había formado «juntas». El virrey llamó al Real Acuerdo a una reunión de emergencia. ¿Cómo iba a construir una junta con los criollos como protagonistas? ¡Nunca! En un golpe rápido, un grupo de trescientos jóvenes oficiales arrestó al virrey, lo acusó de traición y lo encarceló. Tan pronto se supo de la rebelión de los peninsulares comenzó a surgir malestar por todo el país. Los peninsulares enviaron rápidamente por refuerzos a Cuba para el ejército real. La mayoría de los soldados en el ejército real eran mestizos que habían sido obligados a servir en él; sus oficiales eran criollos, un grupo con ganas de amotinarse porque su lealtad se inclinaba más hacia la Nueva España que hacia España.

A través de generaciones los criollos se habían convertido en una clase especial (21), casándose entre sí para mantener las ventajas sociales y el patrimonio. Eran los inversionistas en las minas, los dueños de tiendas y fábricas y los ocupantes de las casas importantes de las plazas principales de las ciudades. Apoyaban a la Iglesia, daban dinero para construir iglesias y catedrales, patrocinaban orfanatos y conventos y donaban fondos a proyectos cívicos. Constituían la oligarquía. Algunos poseían títulos heredados de los conquistadores y encomenderos, o los habían adquirido de sus padres, abuelos o antepasados. Algunos títulos eran comprados y considerados dudosos. Unos criollos daban fiestas lujosas y las damas portaban brocados y finas sedas de China. Muchos hablaban francés, la lengua asociada a «la cultura». Por medio de alianzas familiares y la estrecha relación con la Iglesia y su jerarquía, un criollo podía entrar en la corte y obtener un jugoso puesto regional. Pero sus aspiraciones tenían un límite, puesto que el peninsular, nacido en España, siempre estaba por encima tanto en la administración como en la jerarquía fiscal, en las cortes, en el Ejército y en la Iglesia.

Al concluir el siglo XVIII en la América hispana la población de la Nueva España era aproximadamente de seis millones. Había unos cuarenta mil peninsulares, un millón de criollos, millón y medio de mestizos y tres millones y medio de indígenas, cifra algo mayor que la población indígena al tiempo de la Conquista tres siglos antes.

La Iglesia dominaba todos los segmentos de la sociedad novohispana. La vida diaria estaba regida por las campanas de las grandes catedrales e iglesias; los ciudadanos se levantaban con las campanadas de las cinco de la mañana. Y a las doce sonaba el Ángelus invocando a la oración e indicando la hora de la comida y del descanso. Después de la siesta las campanas llamaban a misa a las tres de la tarde, en recuerdo de la muerte de Cristo. A la caída de la tarde sonaban de nuevo las campanas invitando a orar. A las ocho de la tarde las campanas doblaban durante quince minutos, y entre las nueve y las diez era el toque de queda.

Las campanas anunciaban también la llegada del buque-correo de España y la de la nao de la China en Acapulco. Asimismo, doblaban cien veces para anunciar la muerte de un virrey y tocaban lúgubremente para anunciar algún terremoto o desastre. Siempre solemnes, a veces alegres, cada campana tenía voz y personalidad propias. Eran bautizadas y nombradas según el patrón o el donador que había echado alguna joya familiar para añadir su toque personal al metal durante su fundición.

La Iglesia regía la vida y el cura párroco era el árbitro de Dios.

Miguel Hidalgo y Costilla

Miguel Hidalgo y Costilla era un criollo, hijo de un administrador de hacienda. Dotado de una gran inteligencia, solamente pudo estudiar filosofía y teología. Entre los profesionistas abundaban los abogados, pero los intelectuales eran hombres de la Iglesia. Siendo cristiano devoto, Hidalgo decidió dedicarse a los estudios eclesiásticos. Estudió para sacerdote y se interesó en la historia de la Iglesia. Pronto comenzó a sentir dudas de conciencia. Se cuestionaba sobre el dogma de la Iglesia, la proclamación del Derecho Divino, el poder de la Inquisición, la infalibilidad de los papas... ¿No había dicho Voltaire que el dios interior y el espíritu inquisitivo, y no el dios externo, eran la base de la civilización y enriquecían la vida humana? ¿No había dicho que el fanatismo y la ortodoxia eran enemigos de la civilización? Como profesor de teología, Hidalgo se basó en sus sentimientos cristianos más que en la teoría de la Iglesia. A los cuarenta y cinco años cerró sus libros, dimitió como rector del Colegio de San Nicolás en Valladolid, y se convirtió en un sacerdote devoto, párroco de la iglesia de Dolores, en Guanajuato. Aprendió varias lenguas indígenas y francés, italiano, griego y latín, y se convirtió en paladín de la gente indígena.

Hidalgo era también hombre de gustos mundanos, gozaba de la buena comida y el buen vino, jugaba a las cartas y le agradaba la compañía de señoras y músicos. Desde el púlpito se atrevía a exponer sus bien conocidas ideas seculares.

Desde la invasión de Napoleón a España en 1808 la palabra «independencia» había ido subiendo de un susurro a un clamor en los dominios españoles. En la misma España se llevaba a cabo una guerra en toda la península para expulsar a los invasores napoleónicos, y anticipándose al regreso de Fernando VII se instalaron las Cortes de Cádiz para aprobar una constitución liberal que establecía una monarquía constitucional.

En la Nueva España el grupo de peninsulares que había tomado las riendas del gobierno aceptó con renuencia la autoridad de las Cortes de Cádiz, que gobernaba en nombre del rey ausente.

A poca distancia de Dolores, en el pueblo de San Miguel el Grande, se había estado gestando una conspiración desde las barracas de la guarnición real, encabezada por Ignacio Allende, un criollo que temía que su patria fuera entregada a los franceses y que quería dejar oír su voz y sus opiniones en el gobierno de su propio país. ¡Esta era su tierra, no España!

Mientras sus huéspedes bailaban en su salón a plena vista de la plaza mayor, Allende y sus conspiradores se reunían en una habitación interior para planear un levantamiento. Pensaban ir a la Ciudad de México y exigir la reunión de la junta de americanos.

El corregidor español en Querétaro supo de la conspiración, y tanto él como su esposa doña Josefa participaron en una junta organizada por gente de San Miguel.

Hidalgo se unió al grupo de conspiradores, y Allende, conociendo la popularidad del sacerdote, le pidió que diera la voz de insurrección. ¡Con un cura a la cabeza no podían tacharlos de ir contra la Iglesia! Sin mucho entusiasmo Hidalgo aceptó, a sus 56 años, reclutar un ejército y marchar a San Miguel, donde se uniría a las fuerzas de Allende para seguir hasta la capital. ¡Sería una rebelión rápida y fácil!

Yendo y viniendo por el atrio de su iglesia al alba del 16 de septiembre de 1810, la mente de Hidalgo albergaba pensamientos contradictorios: como hijo de una familia criolla y adinerada sabía de las restricciones que sufría la clase criolla, pero simpatizaba todavía más con sus feligreses indígenas y con las clases menos favorecidas. Si estuvieran libres del yugo de la servidumbre y fueran educados, sus pobres podrían formar una nueva clase como miembros iguales en una sociedad libre. Sin embargo, romper completamente con España no era su intención ¡Era el país de sus antepasados! Pero era absolutamente necesario tener libertad constitucional para autogobernarse. Fernando VII tenía que ser restaurado en él. ¡Napoleón no sólo había apresado al rey sino también al papa en 1809!

¡Era el Anticristo! La conciencia sacerdotal de Hidalgo se veía asaltada por pensamientos de una guerra santa.

Con decisión, el padre Hidalgo tocó las campanas con toda su fuerza, para llamar a la misa de la mañana. Ante la iglesia llena de feligreses empezó a arengarlos llamando a una insurrección en defensa del legítimo rey de España, en defensa de la Virgen de Guadalupe y en defensa de tener una voz en el gobierno. «¡Viva Fernando VII! ¡Viva la Virgen de Guadalupe! ¡Muera el mal gobierno!» quizá fueron gritos que se escucharon aquella mañana.

El grito de Hidalgo desató un torrente de rencor y odio, reprimidos durante siglos. Abrió las puertas de las prisiones y los prisioneros se unieron a la multitud de labradores armados con machetes y barras de hierro, espadas, palos y piedras. Avanzaban hacia San Miguel como una avalancha; pararon en Atotonilco para recoger una imagen de la Virgen de Guadalupe, que alzaron y llevaron como estandarte. «¡Muerte a los gachupines!» fue su grito, mientras quemaban y saqueaban las propiedades de los españoles. En San Miguel, cuando Allende vio que se acercaba la multitud furiosa, metió a los españoles en las casas reales como rehenes. Marcharon hacia la ciudad minera de Guanajuato y Allende se encolerizó al ver la incapacidad de Hidalgo para controlar a las masas. ¡El sacerdote sólo miraba mientras mataban y saqueaban!

La matanza de los españoles refugiados en la alhóndiga, un almacén de piedra, fue el grito de batalla de las tropas reales vengadoras. Pero la Virgen se había convertido en el símbolo de la insurrección y proporcionaba cohesión al creciente movimiento popular.

En un mes las tropas rebeldes habían aumentado a ochenta mil y se dirigían a la capital, donde el virrey había sido reinstalado.

En las afueras de la capital derrotaron a las fuerzas virreinales, dejando así el camino abierto hacia la victoria final.

La oscuridad se abatió sobre la ciudad como las cortinas negras de los coches fúnebres. La capital estaba envuelta en un silencio temeroso. Los peninsulares escondían su dinero y sus joyas, las señoras corrían a esconderse en los conventos mientras se levantaban barricadas apresuradamente para proteger la ciudad. Como una ráfaga de viento se propagó la noticia: «¡Vienen los rebeldes!». El virrey trajo a la Virgen de los Remedios desde su capilla y la colocó en la catedral, donde la nombró capitana general de todas las Fuerzas Españolas en América.

Cerca de la ciudad, en el campo de batalla, las tropas insurgentes, en harapos pero victoriosas, esperaban órdenes mientras gritaban «¡Mueran los gachupines! ¡Viva la Virgen de Guadalupe!». Hidalgo permanecía sin moverse. De repente, y a un paso de la victoria, ¡dio orden de retirarse hacia el noreste! Tal vez tuvo miedo de la violencia, el desorden y el pillaje que provocaría un ataque a la capital.

Al retirarse el ejército de Hidalgo hacia Guanajuato, miles desertaron, incluyendo algunos criollos que habían creído en su causa. ¿Por qué? ¿Por qué se retiró Hidalgo cuando tenía la capital en sus manos? Los historiadores no se han puesto de acuerdo todavía al respecto (22).

Sin aminorar su marcha Hidalgo estableció su cuartel general en Guadalajara, donde trató de organizar su gobierno y logró formar otro ejército. Víctima de tácticas militares mal planeadas, su ejército fue emboscado y dispersado por las tropas reales en Puente de Calderón.

La metamorfosis que sufrió de sacerdote a revolucionario, participando y siendo responsable en las violentas matanzas y saqueos, debe haber tenido un fuerte impacto en su conciencia de sacerdote. Hidalgo había prometido devolver a los indígenas sus tierras originales, los había alentado a luchar, pero la revolución había degenerado en anarquía. La Nueva España no estaba preparada para su independencia.

Hidalgo sufrió su prisión sin quejarse. En silencio aceptó su degradación como sacerdote y su sentencia de muerte. Diez meses después del «grito de Hidalgo», que llamó a las armas en la madrugada de aquel funesto 16 de septiembre de 1810, las cabezas de Hidalgo, Allende, Juan Aldama y Mariano Jiménez colgaban de jaulas colocadas en las cuatro esquinas de la alhóndiga de Guanajuato, donde habían sido masacrados los españoles peninsulares y algunos criollos y mestizos.

La bandera de la libertad, arrancada de Hidalgo, fue tomada por otro sacerdote, José María Morelos. Hidalgo había sido su maestro en el Seminario de Valladolid. Morelos, hombre de principios, valiente y disciplinado, sintió la lucha por la independencia como una misión. Sus ideales y su astucia política fueron trascendentales en la formación de la nueva nación. Mestizo de origen humilde y cura de parroquia, Morelos había sido testigo de la miseria de los indígenas y de las castas (mezclas de blanco, indio y negro).

Hidalgo había favorecido la violencia, Morelos quería reconciliar a todas las clases sociales. Libertad e igualdad iban de la mano. Morelos luchó contra los españoles peninsulares no porque fueran españoles, sino porque eran enemigos de la libertad. Formó un ejército de soldados disciplinados, bien entrenados y con un solo propósito: la independencia de España. El saqueo y la destrucción de la propiedad quedaron prohibidos.

El sitio de Cuautla produjo una de las acciones más extraordinarias de este hombre también extraordinario. Perseguidos y acosados por el ejército real, en 1812 Morelos y sus tropas se refugiaron en la ciudad de Cuautla, en el estado que hoy lleva su nombre. Los soldados, agotados, cayeron dormidos en las capillas y en el suelo de la iglesia mientras que otros fueron acogidos en algunas casas de la población.

A galope tendido, un grupo de jinetes llegó a la plaza, donde una multitud de civiles hombres, mujeres y niños estaba construyendo barricadas a toda prisa. El jefe del grupo se acercó a un soldado y le dijo: «Avise al general Morelos que somos veinte voluntarios bien armados a su disposición».

Padre e hijo, jefe y sirviente, rancheros, trabajadores, indios, criollos, mestizos… todos lucharon hombro con hombro en defensa de Cuautla. Morelos dijo: «El color de la cara no cambia el color del corazón». «Todos somos americanos». El valor y la firmeza de Morelos inspiraron a su ejército para realizar incursiones y debilitar las posiciones enemigas, pero en el ardor de una intensa batalla, los defensores de la barricada repentinamente se retiraron, dispersándose rápidamente y saltando sobre los cuerpos de sus compañeros muertos. Un muchacho harapiento notó un cañón listo para ser disparado, y tomando una teja ardiendo lo disparó. Asustados, los soldados realistas retrocedieron. El nombre del niño-artillero era Narciso Mendoza y ha quedado en los anales de la historia de México.

Después de sesenta y tres días de asedio, el ejército de Morelos, hambriento y agotado, rompió el asedio. Morelos escapó y logró reunir sus dispersas tropas, tomó Oaxaca y puso sitio al puerto de Acapulco. Pronto controló todo el sur y fue reconocido como comandante supremo generalísimo de las fuerzas insurgentes.

En 1813 Morelos convocó a un congreso que proclamó una Declaración de Independencia y que en 1814 elaboró la Constitución de Apatzingán. La abolición de la esclavitud —decretada ya por Hidalgo—, la abolición del diezmo, la igualdad de derechos de todos los ciudadanos y una justa distribución de la tierra fueron incluidos en esa primera constitución. El sueño de Morelos de un nuevo orden económico y social sería la base de las reformas que se realizaron en el siglo siguiente.

El destino condujo a Morelos a una trampa: de camino a Valladolid (llamado después Morelia en su honor) se enfrentó a las tropas realistas. Valladolid, la ciudad en la que había nacido y donde había sido discípulo de Hidalgo, fue testigo de su derrota en 1813. Dos años después, vencido y debilitado, Morelos fue capturado y llevado encadenado a la Ciudad de México. La Inquisición lo proclamó hereje, pero se confesó y comulgó antes de morir. Morelos fue ejecutado en 1815.

Al otro lado del mundo, la estrella de Napoleón se estaba eclipsando. Tras plantar la bandera de la República Francesa en tres cuartas partes de Europa, en 1812 su gran ejército invadió Rusia con tropas de quinientos cincuenta mil soldados aproximadamente, de los cuales solamente veinte mil regresaron con él a París. No siendo capaz de reponer su anterior poderío militar, Napoleón abdicó en 1814 y fue desterrado a la isla de Elba. Logró escapar y formar otro ejército, pero se enfrentó al general inglés Lord Wellington y sus aliados en Waterloo, donde fue totalmente derrotado.

Se dice que la última batalla es la más importante y la única que cuenta; Napoleón fue vencido por Wellington en Waterloo en 1815.

Fernando VII, el rey débil de la casa de Borbón salió de Francia y fue restituido al trono de España.

El primer acto de Fernando VII fue ejercer su «derecho divino» suspendiendo las Cortes de Cádiz e invalidando la nueva constitución. La monarquía era un torbellino y la Nueva España estaba en plena guerra civil.

Fernando VII estudiaba el panorama: Morelos había sitiado Acapulco inmovilizando los galeones de Filipinas. Barcos ingleses anclaban en Veracruz apoyando a los rebeldes y llevándose cargamentos de plata. Le habían llegado rumores de que los ricos mineros se habían unido a la causa rebelde, dando a los insurgentes capital y armas que compraban en el extranjero. Los Estados Unidos también aprovechaban para vender armas a los rebeldes. La economía era un caos y sólo una pequeña cantidad de grano, tabaco, textiles y productos de cuero llegaba a España.

El rey Fernando VII envió tropas desde España y ordenó al ejército de Cuba que acabara con la insurrección a toda costa, ya que muchos criollos y mestizos estaban desertando del ejército real en la Nueva España.

Para empeorar la situación, los movimientos independentistas estaban ganando terreno en toda Sudamérica. ¡Muerte a los traidores!

En la Nueva España, el virrey, que gozaba de nuevo de toda la autoridad, pensaba que la raíz de la insurgencia había sido cortada, pero no contaba con que habían surgido nuevos brotes. La guerra de guerrillas surgía en una provincia tras otra. Bandidos bajaban a las ciudades matando y robando a su antojo. Sólo la falta de un gobierno rebelde centralizado mantenía el control virreinal todavía (23).

Durante los siguientes seis años la llama de la independencia se mantuvo por los jefes guerrilleros cuyos efectivos se escondían en las montañas. La mayoría de los jefes de Morelos fueron apresados o muertos, comenzando por el propio Siervo de la Nación. Para 1820 solamente dos de sus generales seguían vivos: Vicente Guerrero y Guadalupe Victoria. El suelo de la Nueva España estaba desolado por diez años de guerra. Los reclutas preferían desertar que arriesgar la vida por una causa inútil.

La independencia pendía de un hilo.

Capítulo VIII

La bancarrota

La gran campana de la catedral, de quince toneladas de metal y tres metros de altura, comenzó a tañer incesantemente a la medianoche. ¿Se habría vuelto loco el campanero? La gente, a medio vestir, salió a la calle. La campana seguía sonando. El obispo, jadeando, subió al campanario, de donde salió corriendo… ¡un gato!

A la mañana siguiente llegó el barco de España trayendo noticias favorables: El rey Fernando había aceptado la Constitución de Cádiz, que lo obligaría a ser un monarca constitucional y no absolutista. Esto produjo gran agitación en el gobierno de la Nueva España y el movimiento independentista ganó nueva fuerza.

Para la clase alta clerical, militar y criolla, la Constitución de Cádiz tiraba por tierra su *statu quo*. Desde mediados del siglo XVIII los reyes borbones habían disminuido poco a poco los privilegios de la Iglesia. Ahora el Congreso Liberal de Cádiz había abolido la Inquisición, confiscado las propiedades eclesiásticas, promovido la educación secular, la libertad de prensa, la igualdad de los criollos… y lo que era peor: habían puesto a la Iglesia y al Ejército bajo la autoridad civil. ¡Adiós a su inmunidad! La oligarquía vio con espanto la expansión del liberalismo como una ola que destruía sus privilegios. Solamente separándose de la monarquía española podrían preservar su posición privilegiada. ¡Separarse de la ley de España era la solución!

Agustín de Iturbide, que había derrotado a Morelos en Valladolid, era un coronel de las milicias, un buen estratega de carácter arrogante, audaz y decidido. Como Hidalgo, Allende y Morelos, había sido educado en el Seminario de San Nicolás en Valladolid. Era pariente de Hidalgo, criollo hijo de una familia acaudalada.

Hidalgo había ofrecido a Iturbide al pasar por Valladolid la banda de Teniente General, pero este la rechazó pues no estaba de acuerdo con los métodos de Hidalgo para alcanzar la independencia.

Para el año 1820 Iturbide estaba convencido de que el grito de independencia no iba a ser silenciado. Pensaba que la nueva monarquía constitucional era una oportunidad para negociar. Con el respaldo de la clase privilegiada estudió una fórmula que estableciera un imperio independiente. Un imperio mexicano independiente construiría una base para la paz.

Mantuvo un encuentro con el general Vicente Guerrero, el último general insurgente todavía en lucha activa. Tras deliberar, Guerrero e Iturbide se dieron un abrazo. Estaban cansados de la guerra. Ambos depusieron las armas y promulgaron un decreto conjunto. En esencia garantizaba la independencia, una monarquía constitucional, que la Iglesia católica fuera la única religión de la nación y la igualdad ante la ley. Todos estos términos eran aceptables tanto para los exinsurgentes como para los realistas.

En agosto de 1821 Juan O'Donojú, el último virrey, desembarcó en Veracruz. Como destacado liberal que era, firmó el Tratado de Córdoba con Iturbide de acuerdo con la autoridad que le había acordado el rey.

El 27 de septiembre de 1821 las calles, los árboles y las azoteas estaban llenas de una muchedumbre delirante que arrojaba flores al paso del ejército Trigarante. Resonaban gritos de «¡Viva el libertador!» al paso de Iturbide montado en un magnífico caballo negro hacia la gran plaza, donde exactamente trescientos años antes Moctezuma II había recibido a Cortés. Dieciséis mil soldados, exrealistas y exinsurgentes desfilaban juntos bajo la misma bandera, hermanados y unidos. La nueva bandera ondeaba sobre el palacio: verde por la independencia, blanca por la pureza de religión y roja por la unión entre los antiguos combatientes. En su centro, un águila sobre un nopal con una serpiente en su pico, honrando así al imperio azteca, y para honrar al nuevo imperio el águila llevaba una corona.

La alegría y el júbilo llenaban el corazón de todos los presentes: criollos, mestizos, indios y demás castas. ¡México era independiente! ¡México era libre! La nación había tomado el nombre de la ciudad capital: México.

Las protestas en España surgieron inmediatamente. Fernando VII no reconoció la pérdida de su dominio más preciado y rechazó enviar un monarca a México. La Santa Sede canceló el Patronato Real concertado con la Corona española.

¿Qué iba a ser de la independencia sin un gobierno? El 24 de febrero de 1822 se estableció el Congreso Constituyente. En mayo del mismo año se logró, tras un acalorado debate, nombrar a Iturbide emperador de México con toda la pompa y ceremonia que merecía una coronación. La catedral lucía espléndida y las campanas tocaban sonoras y jubilosas anunciando este acontecimiento sin precedentes. Pero… como en una obra de teatro, la Corona sobre la cabeza de Iturbide no tenía historia ni tradición.

Se ha dicho que la conquista de México fue llevada a cabo por indios (los aliados de Cortés) y la independencia fue hecha por los españoles americanos (los criollos).

El imperio mexicano tuvo corta duración. Las semillas de la anarquía estaban ya plantadas en el cisma entre monárquicos y republicanos. Diferencias de opinión en cuanto a cómo debía organizarse el nuevo gobierno dividió al Congreso. Igual que Cortés, bajo la sumisión de la Corona, había tenido que plantearse la pregunta de cómo administrar el enorme imperio que había conquistado, el Congreso de este nuevo e independiente imperio tenía que resolver cómo debía gobernar. Los monárquicos, generalmente grandes terratenientes, no querían un emperador mexicano sino un rey de origen europeo. Los republicanos eran muy pocos, pero decididos a establecer una república. Debido a la presión ejercida sobre los miembros del Congreso, Iturbide no pudo atraer a la mayoría hacia sus ideales y de modo autoritario suprimió la libertad de prensa, se enfrentó abiertamente al Congreso y en una decisión despótica y apresurada, lo disolvió.

El momento se prestaba para un levantamiento. Un joven oficial exrealista, Antonio López de Santa Anna, quien había apoyado a Iturbide, se volvió contra él. Acuartelado en Veracruz, este carismático criollo se pasó a los republicanos y demandó la reinstalación del Congreso. Los generales que envió Iturbide a sofocar el levantamiento formaron el Plan de Casa Mata y exigieron la reinstalación del Congreso. Iturbide se vio forzado a abdicar y aceptó desterrarse en Europa. El Congreso le concedió una pensión vitalicia y quitó la Corona Imperial de la bandera y del escudo de México. El mismo hombre que había salvado a México de la anarquía dejó al nuevo país como una nación dividida.

Un año más tarde regresó Iturbide y fue arrestado y fusilado. Los historiadores dicen que Iturbide desconocía que el nuevo Congreso había prohibido su regreso. Su ejecución levantó indignación y agrandó la escisión entre los dos grupos opuestos.

En vista de la insolubilidad del conflicto de intereses Guatemala se separó de México, y junto a sus capitanías hermanas decidieron formar la Federación Centro Americana. Chiapas se separó de Guatemala y permaneció unida a México (24).

Ante la urgente necesidad de unidad se convocó a un nuevo Congreso en 1823, el cual propuso una constitución según el modelo de la Constitución de los Estados Unidos y la Constitución Liberal de Cádiz. Las provincias de la Nueva España fueron divididas en diecinueve estados y cuatro territorios. El gobierno se dividió en tres poderes: el Ejecutivo (a cuya cabeza estaría un presidente), el Legislativo (con dos cámaras: el Congreso y el Senado) y el Judicial (encabezado por la Suprema Corte). Si bien esta constitución no contenía ningún artículo que garantizara los derechos del individuo, declaraba la igualdad de todos los ciudadanos ante la ley.

En 1824 el Congreso ratificó la nueva Constitución y México fue declarado una república federal constituida bajo el nombre de Estados Unidos Mexicanos.

La garantía constitucional de libertad era prácticamente imposible de avalar. Los mexicanos sustituyeron a los españoles y la Iglesia ganó mayor riqueza y poder. El indígena continuó sujeto a la arbitrariedad.

En su *Ensayo Político sobre el Reino de la Nueva España* Alexander Von Humboldt, gran botánico que viajó por México en 1803, declaraba que la Nueva España era un país de desigualdades donde el color de la piel decidía el lugar del individuo en la sociedad, y que un blanco que montara descalzo en un caballo se consideraba a sí mismo de sangre noble.

«No hay otro lugar en donde la fortuna esté tan desigualmente repartida o haya mayor discriminación en cuanto a la tierra y a la población», escribió Humboldt.

El nacimiento de México fue largo y doloroso. Los problemas económicos arrastrados sin resolver durante los trescientos años de dominio virreinal incidieron sobre la nueva «democracia». La división de clases, el analfabetismo, la población dispersa, el aislamiento y la falta de contacto y comercio con otras naciones, y sobre todo la inexperiencia para gobernar, dejaron la organización y administración del país recién fundado en manos de unos pocos inexpertos que se peleaban constantemente entre sí. A diferencia de sus vecinos del norte, México no había sido preparado para la independencia, no había experimentado el autogobierno y no había participado en el libre comercio. Su cultura se había basado en el centralismo, la dependencia y el aislamiento del mundo exterior. Ahora los republicanos amenazaban con destruir las instituciones, tradiciones y costumbres que habían prevalecido por siglos. La Nueva España había sido la única extensión verdadera de la madre patria en América. No era una colonia y sus habitantes eran ciudadanos de España. Ahora la nación «huérfana» tenía que luchar por sí misma y tomar sus propias decisiones.

A pesar de que el grito de libertad era auténtico, necesario e irreversible, pocos entendían el verdadero significado de esa palabra. La creencia general en la riqueza fabulosa de México era casi un dogma entre la clase gobernante. Todo lo que había que hacer era explotarla para salir del marasmo de once años de dolor y conflictos. Al igual que la tribu de mexicas que divisaron el águila en el lago, vieron un futuro de riqueza y prestigio. Sin embargo, algunos veían la realidad: las minas de plata que habían sido la base de la economía estaban abandonadas o anegadas, la agricultura destruida, el comercio paralizado y las industrias incipientes descuidadas. Otros creían que la respuesta estaba en las nuevas industrias. La revolución industrial estaba creando gran riqueza en Europa y en Estados Unidos. México estaba apenas saliendo de una guerra destructiva. Un México industrializado lo elevaría a un estatus mundial y lo ayudaría a construir una economía sólida.

México era un país sin ríos navegables, pocas carreteras, sin ferrocarril, con inmensas extensiones de terreno árido en el norte, selvas al sur y dos océanos divididos por enormes montañas que había que atravesar. Sus ciudadanos estaban aislados, y sus ciudades apartadas de la capital, favorecían el orgullo y las tradiciones de su provincia. La lealtad a la Corona española había mantenido la unidad en la Nueva España. Ahora se había derrumbado y la nueva nación no tenía maquinaria, combustible... ni dinero.

México estaba en bancarrota. Con una extensión territorial que abarcaba al norte un tercio de los futuros Estados Unidos y al sur hasta Guatemala con territorios cuyos límites y fronteras estaban todavía sin definir. El verdadero potencial y los grandes recursos solamente se podían vislumbrar. La rama arrancada del tronco tendría que marchitarse muchas veces antes de empezar a florecer.

Capítulo IX

Medida de fuerzas

Desde el comienzo de la revolución, los Estados Unidos habían abastecido de armas a los insurgentes, esperando liberarse de España en su frontera sur. En el momento en que Iturbide fue coronado, los Estados Unidos se apresuraron a reconocer la independencia de México. La presencia de los ingleses al norte, y de los españoles, franceses y holandeses al sur y en el Caribe era considerada un peligro para la joven república. En 1823 el presidente James Monroe presentó ante el congreso su famoso documento conocido como la Doctrina Monroe, que esencialmente decía que cualquier intervención europea en los asuntos de un gobierno de las Américas que hubiera declarado su independencia y hubiera sido reconocido por los Estados Unidos sería considerada una amenaza a la seguridad de los Estados Unidos. No ofrecía la defensa de las nuevas naciones independientes, pero implicaba la determinación de los Estados Unidos de protegerse y proteger a sus vecinos de la expansión europea. Tras aprobarse y ratificarse la Constitución, el Congreso mexicano llamó a elecciones presidenciales. Guadalupe Victoria, el leal jefe insurgente que había ayudado a mantener viva la llama de la independencia, fue elegido como el primer presidente. Sería el único, hasta mediados del siglo, que terminaría su periodo presidencial.

Las logias masónicas constituían una fuerza política importante desde 1825. Se dice que fueron traídas por los oficiales españoles.

En sus orígenes europeos los masones se habían agrupado en gremios según su profesión. En realidad eran albañiles que se agrupaban en hermandades para proteger sus secretos arquitectónicos de otros constructores y para ayudarse mutuamente.

En México los centralistas eran conocidos como *escoceses*, masones del rito escocés, y los federalistas como *yorkinos*, masones del rito de York. En reuniones secretas se fraguaban conspiraciones y estrategias. Las logias masónicas tendrían una gran influencia en la vida política de México (25).

Con el fin de establecer relaciones, los Estados Unidos rápidamente enviaron un representante a México en 1822. Fue recibido con cautela, pues se pensaba que el verdadero interés del vecino del norte era su expansión territorial. Joel Poinsett, el primer ministro de Estados Unidos y gran maestre de la masonería libre, confirmó que los temores eran bien fundados. Arrogante y con poco tacto, el joven Poinsett aprobó abiertamente a los yorkinos, cuyas ideas liberales eran del agrado de Estados Unidos, y para confirmar aún más las sospechas de México trató de lograr un acuerdo territorial con el Congreso recién nombrado para la anexión de Texas, aun antes de que las fronteras hubieran sido delimitadas legalmente (26).

En 1824 España todavía no reconocía la independencia de México. Los Estados Unidos e Inglaterra se habían apresurado a intercambiar relaciones diplomáticas, enviando ministros y encargados de negocios para lograr acuerdos comerciales favorables. Francia y Alemania enseguida hicieron lo mismo. La revolución industrial promovía la competencia entre las naciones que intentaban expandir su comercio, y sus rápidos buques mercantes cruzaban ya el Atlántico.

México, que había estado bastante apartado del comercio exterior, estaba ahora en condiciones de abrir sus puertas. Los diarios de los primeros viajeros contaban anécdotas divertidas, increíbles, atemorizantes o ilustrativas. Escuchar otra lengua que no fuera español, ver a gente no española, mestiza o india constituía una constante sorpresa y curiosidad para los mexicanos, ya que pocos habían viajado al extranjero y los libros eran un lujo en mayor medida de los ricos solamente.

William Bullock, un inglés, escribía en 1823. El recelo del gobierno de la Nueva España había logrado cerrar tan firmemente a los europeos del conocimiento de México, que no pude encontrar ningún libro de viajes de ningún inglés a este país, por lo que este diario dará, según creo, cierto valor a mis observaciones.

Zarpé de Portsmouth en un buque mercante de la Cía. Renish de Comerciantes de Alemania, que estaban a punto de establecerse en México... Nuestra primera vista de la costa de México, a través de un telescopio, fue de Veracruz, y elevándose detrás, una montaña majestuosa de unos 17 000 pies. Por momentos desaparecía entre las nubes y nos quedábamos como personas que habían despertado de un sueño extraordinario... El hotel en Veracruz tenía las sabanas húmedas, no había agua, ni lámparas, así que pasé la primera noche luchando contra los mosquitos... Alquilé un carromato tirado por ocho mulas, para mí, mi hijo, un caballero francés y su sirviente que hablaba francés y español... Viajamos por carreteras casi impasables, a través de vegetación tropical y sobrecogidos por las curvas de las montañas... Las posadas ofrecían un techo de paja y un petate como cama, rodeados de mulas que pateaban y peleaban, perros que ladraban, pulgas y gallos que no conocían la hora del día... Xalapa y Puebla tenían un aspecto mejor que muchas ciudades de Europa... Pocas mujeres en la calle, vestidas de negro yendo y viniendo a las iglesias, con un velo negro sobre su cabeza. Nada puede compararse a la amabilidad de la gente... La Ciudad de México con su magnífica arquitectura, los adornos que recuerdan a los palacios moros... las enormes mansiones con grandes lámparas y candiles, mesas ornamentadas, tapetes orientales, vasos de plata, muchos de los cuales circulan hoy en día convertidos en monedas en Europa y Asia... No es en la Capital de la Nueva España donde hay que buscar los restos de la grandeza mexicana. Todo vestigio de su pasado esplendor ha sido aniquilado por los conquistadores. Cortés tuvo que arrasar con cada casa según iba tomando la ciudad... Y 50,000 indios seguían a sus soldados para rellenar los canales con los restos de las construcciones...

Los españoles no querían dejar rastro de la antigua grandeza o la memoria de lo que destruyeron... Es en los anales de los antiguos escritores donde constatamos la verdad de las leyendas... Después, el cierre de las minas, la expulsión de las familias españolas acaudaladas... los dieciséis años de guerra revolucionaria, con todas las miserias, que han producido un cambio de fortuna en los individuos y en el estado general del país. Espero que esos tiempos estén a punto de terminar y que llegará el momento en que México levante otra vez la cabeza entre las grandes ciudades del mundo, un merecido rango por su belleza intrínseca como Capital de uno de los lugares más hermosos del globo.

La economía nacional era un caos; los productos básicos eran escasos, incluyendo el maíz y el frijol, pero con la importación de productos extranjeros las tiendas locales empezaron a abastecerse y la industria textil y del cuero revivieron. El grueso del comercio lo constituía la exportación de tabaco, café, azúcar, vainilla, cochinilla, caoba y otras maderas... y sobre todo, plata. Los ingleses negociaron rápidamente para operar las minas abandonadas o inundadas. El dinero comenzó a fluir, barcos de muchas naciones anclaban en los puertos mexicanos, y las minas de Guanajuato, Zacatecas, Pachuca, Taxco y Durango comenzaron a trabajar de nuevo. Para 1857, doscientas minas, con capital y técnicos extranjeros producían una cantidad significativa de oro y plata. Sin embargo, México tenía que pagar un precio: su deuda externa que había crecido año con año. Mucho capital había salido con la expulsión de los españoles. La constitución había eliminado las instituciones virreinales, pero ninguno de los diecinueve estados y cuatro territorios de la federación tenía dinero para comprar o invertir. El primer préstamo se negoció con banqueros ingleses, que pusieron sus intereses tan altos que México sólo se benefició de la mitad del crédito.

En este periodo caótico de turbulencia política, dos instituciones, herencia de la Nueva España, eran fuente de debates y bloqueaban el experimento republicano: la Iglesia y el Ejército. No podía haber igualdad mientras no estuvieran todos sujetos a las mismas leyes. La Iglesia y el Ejército gozaban de fueros, privilegios y estatutos legales que les permitían estar exentos de la jurisdicción civil y de pagar impuestos.

Después de la independencia, en 1821, el Ejército se consideraba dueño de México. Pero al derrumbarse la economía, el pago a los oficiales fue errático y reducido. La mayor parte del ejército federal degeneró en un grupo de reclutas mal entrenados y peor equipados, compuesto por mestizos e indios, la mayoría conscriptos sacados de los pueblos a la fuerza. No sujetos a la ley civil, podían disparar y confiscar propiedades a su antojo. Los desertores se convirtieron en bandidos que atacaban las recuas de mulas que traían la plata de las minas a la capital, y los soldados las disparaban. Los tribunales militares juzgaban a los culpables según les convenía. El ejército era la base de los levantamientos de las guarniciones, dirigidos por caudillos, oficiales criollos, y las guerras de guerrillas eran provocadas por los caciques, jefes de provincia o jefes políticos, con sus propios grupos de soldados. Era un ejército cuyos soldados eran leales a su líder más que a la nación. Muchos de estos soldados desertaron poco a poco.

Para los millones de indígenas que continuaban trabajando de peones en las grandes haciendas o trataban de subsistir en sus parcelas del ejido, la palabra «independencia» carecía de significado.

La Iglesia elegía a los sacerdotes para sus parroquias, juzgaba los asuntos eclesiásticos y continuaba recaudando el diezmo y la renta de sus propiedades sin pagar ningún impuesto. Se cree que para mediados de 1800 la mitad de la tierra en México pertenecía a la Iglesia.

Aquellos que defendían a la Iglesia enumeraban los beneficios de la sociedad. Desde los primeros tiempos los sacerdotes, frailes y monjas habían realizado innumerables servicios sociales: habían construido escuelas y dirigido la educación, habían trabajado y administrado hospitales, asilos, orfanatos, habían ayudado a los indígenas y habían conservado los registros familiares en los archivos parroquiales: bodas, bautizos, funerales y fiestas eran funciones de la Iglesia. El sacerdote José María Luis Mora, un intelectual liberal, veía la Iglesia como un freno al establecimiento de un sistema representativo y la construcción de un sentido de nación. No estaba contra la doctrina de la Iglesia, sino de sus acciones. «En las escuelas parroquiales, un niño debe imitar las vidas de los santos. No se enseña nada de patriotismo, deberes cívicos ni responsabilidades». Por ser «un sistema que es inadecuado para formar un ciudadano cívico en México», él estaba a favor de la educación laica.

Durante medio siglo de guerras fratricidas, patriotas sinceros surgieron y cayeron en el campo de batalla político, dejando nombres que serían honrados por futuras generaciones. Eran intelectuales, hombres de integridad que comprendieron y vivieron su momento: Lucas Alamán, José María Luis Mora, Lorenzo Zavala, fray Servando Teresa de Mier, Miguel Ramos Arizpe y Valentín Gómez Farías son algunos de los que sobresalen en las páginas de la historia de México.

Lucas Alamán, un brillante conservador, defendió ardientemente el pasado y la herencia de México. Alamán creía en la industrialización, pero en un proceso lento y mesurado para la transformación. «Hemos tenido experiencia con una monarquía, pero ninguna con un presidente electo». Los liberales proponían una burocracia de gobernadores, secretarios, representantes, oficiales locales y jueces de circuito y de distrito en un país de siete millones de habitantes, cinco de los cuales sólo necesitaban un alcalde y un sacerdote. ¡No se debe permitir el cambio radical!, decían los conservadores. En el otro lado del espectro, el liberal Lorenzo Zavala, con profunda fe en la estructura y organización de los Estados Unidos, proponía acaloradamente sacudirse las costumbres «viciosas» y anacrónicas de la Nueva España, sobre todo los privilegios de la Iglesia.

Se tomaron algunas medidas drásticas y poco afortunadas: en 1827 se expulsó a muchos peninsulares, quienes se llevaron su fortuna. En 1829 España trató de reconquistar México, pero al desembarcar en Tampico fueron derrotados por el general Antonio López de Santa Anna y el general Manuel Mier y Terán. En un arranque de patriotismo, todos los españoles fueron desterrados de México.

En 1828, cuando acabó el periodo presidencial de Guadalupe Victoria, Vicente Guerrero, general de Morelos, asumió la presidencia por medio de una insurrección respaldada por los federalistas. Tras una furiosa lucha interna, el control del gobierno fue tomado en 1831 por Anastasio Bustamante, el vicepresidente. Guerrero fue juzgado, encontrado culpable de encabezar un gobierno ilegal y fue ejecutado.

Estas acciones se repetirían a lo largo de cuarenta y cinco años. Guerras civiles, golpes militares, invasiones, levantamientos y anarquía pura mantendrían a México en estado de postración, aunque un incipiente sentido de identidad nacional comenzaba a aparecer.

Durante este periodo de incertidumbre un nombre sobresale una y otra vez: el general Antonio López de Santa Anna. Carismático, dinámico, valiente, caprichoso y jugador empedernido conocido por tener a sus legisladores esperando mientras asistía a una pelea de gallos… Santa Anna es una de las figuras más polémicas de la historia de México. Siendo un criollo de las filas realistas, Santa Anna fue el iniciador y el objetivo de levantamientos, héroe y traidor. Había apoyado a Iturbide y luego se volvió en su contra; apoyó a los republicanos liberales y luego cambió de bando. Cambiaba de bando y de bandera según soplaban los vientos, desertando del Congreso y retirándose a su hacienda hasta que las circunstancias volvieran a ser favorables para su regreso. Se dice que su deseo de poder no era la ambición política sino el amor por ser aclamado, la gloria, la pompa, el boato. Pero sobre todo amaba la batalla. Siempre a la cabeza de sus tropas, fue descrito por Lucas Alamán como «un buen soldado, pero un mal estratega». Como presidente nunca pudo organizar un gobierno estable. Al tomar el poder un grupo de reformadores liberales, Santa Anna fue elegido presidente en 1833. Después estaría dentro y fuera de la presidencia once veces de 1833 a 1855 y sería un factor clave en las batallas e invasiones que sufrió México.

Texas

Mientras se dirimían los conflictos de las facciones en el Congreso un problema de mayor gravedad se avecinaba: Texas, el territorio lejano que formaba parte de Coahuila, había sido una constante preocupación desde tiempos virreinales. Los Estados Unidos habían comprado el enorme territorio de Luisiana a Napoleón en 1803, doblando así su tamaño y en 1819 habían adquirido de Inglaterra, la Florida. Las fronteras estaban mal definidas y algunos legisladores militantes norteamericanos pretendían que una porción de Texas era parte de Luisiana, pero México defendía con tesón su posición de que Texas era parte del territorio del norte heredado de España mucho antes de que Luisiana existiera y fuera comprada.

Desde un punto de vista práctico, México sabía que sus asentamientos diseminados y bajo ataque de los indios ofrecían poca resistencia si los Estados Unidos decidían anexarse Texas. En 1822 el imperio mexicano autorizó a Moses Austin, un honrado puritano yanqui, a traer colonizadores anglosajones con la esperanza de que servirían de amortiguador contra los Estados Unidos. Los colonos recibieron tierra a cambio de su adhesión a México. Existían cuatro condiciones: *1)* que los colonos poseyeran un medio honrado de vivir, *2)* que fueran católicos, *3)* que juraran obediencia al gobierno mexicano y *4)* que el español fuera la lengua para el comercio.

Poco poblado, el territorio de Texas pronto fue invadido por anglosajones. Impacientes por la tardanza de México en otorgar los títulos de propiedad, las quejas aumentaban. Las aduanas y las patrullas militares del lado de Luisiana impedían el comercio, favoreciendo así el contrabando. Prometiéndoles títulos de propiedad, los especuladores sin escrúpulos atrajeron a más colonos. Los pocos sacerdotes del territorio, bajo amenazas de los colonizadores, «convertían» a estos para cumplir con una de las cuatro reglas: los «nuevos católicos» presumían de que por dos dólares, dejándose bendecir con agua bendita y haciendo la señal de la cruz, ya se era católico apostólico. Mofándose enseñaban su certificado de bautismo.

Texas, a 600 millas de la capital mexicana y dividida por dos culturas muy diferentes, no resultó ser una barrera contra el expansionismo norteamericano, sino que se volvió más cercana a Estados Unidos. Los colonos texanos eran duros y de carácter independiente, ya que tuvieron constantemente que luchar contra los apaches y los comanches.

La situación en Texas empeoraba. Alarmado por el flujo de colonizadores ilegales, México cerró la frontera de Texas e impuso un tributo más alto para la aduana. Stephen Austin, hijo de Moses, ofreció encontrar una solución a las quejas de los colonos. Leal al juramento que su padre había hecho a México, y respetado por los colonos, viajó a la capital en 1832 para proponer un plan que satisficiera a ambas partes. Proponía separar a Texas del estado de Coahuila, definir las fronteras y permitir que Texas fuera un estado independiente dentro de la federación mexicana. Su petición fue ignorada. Austin permaneció en México para obtener una respuesta oficial, pero cuando regresaba a Texas con las manos vacías fue arrestado y encarcelado por Santa Anna, quien acababa de tomar la presidencia. ¡Texas seguiría bajo la legislatura de Coahuila! Cuando en 1835 Austin regresó a Texas, enojado, se unió al movimiento independentista.

En 1835 los centralistas tomaron de nuevo el poder y el control del Congreso en la Ciudad de México. Los colonos rebeldes texanos aprovecharon la situación y rápidamente se consideraron federalistas y declararon su independencia.

Ante tan vehemente rebelión sólo quedaba responder con la guerra. Pero el gobierno era inestable y carecía de recursos económicos y fuerza militar en el norte para acabar con la insurrección. Tampoco surgió un apoyo civil a favor del ejército y las provincias tenían sentimientos encontrados. ¿Dar dinero o la vida para luchar por Texas? ¡A mil kilómetros de distancia! Que el gobierno federal resuelva el problema...

El Congreso reconoció la urgencia de actuar pues Texas era una provincia crucial. A toda costa había que proteger los territorios del norte para que los Estados Unidos no se infiltraran lentamente. Tenían que financiar un ejército. ¡Texas era un polvorín!

Una persona respondió al instante: el general Santa Anna, que salió de su hacienda, consiguió un ejército de seis mil hombres y marchó al norte añadiendo reclutas de los estados por los que pasaba. Al descender de la meseta y entrar al desierto de Coahuila, con enormes extensiones de arbustos llenos de espinas, bajo un sol abrasador, mal equipados y peor alimentados, cientos de reclutas murieron o desertaron. Santa Anna llegó al presidio de San Antonio con tres mil hombres. Un abigarrado batallón de ciento ochenta tejanos armados se había congregado en San Antonio, había sorprendido a la guardia y tomado posesión de la vieja misión. Santa Anna declaró: «No daremos cuartel a los extranjeros que han violado todas las leyes y han declarado la guerra a México». Tras un asedio de trece días, la batalla del Álamo acabó matando a todos los defensores en la misión. La pasión se desbordó. Sam Houston, desde los Estados Unidos, reagrupó las fuerzas tejanas y tomó el mando mientras cientos de voluntarios se le unían al grito de «¡Recuerden el Álamo!». Tras casi derrotarlos, los tejanos atacaron por sorpresa San Jacinto, donde descansaban los mexicanos, y prácticamente aniquilaron al ejército mexicano. Santa Anna fue hecho prisionero durante un año, enviado a Washington y obligado a firmar un acuerdo reconociendo de facto la independencia de Texas. Cuando el presidente de México lo supo, rechazó el acuerdo diciendo que el Congreso no lo había aprobado. México no reconoció la independencia de Texas y Santa Anna cayó en desgracia y se retiró a su hacienda jurando no entrar a la política nunca más.

Los Estados Unidos reconocieron rápidamente la independencia de Texas, un acto que profundizó más el abismo entre los dos países. Temiendo un intento de México de recobrar el territorio perdido, Texas inmediatamente solicitó la admisión a los Estados Unidos como un nuevo estado. La petición fue rechazada por el

Senado por no querer admitir otro estado esclavista en la Unión, ya que el asunto de la esclavitud era de mucha controversia en esos momentos en el Congreso Norteamericano.

La cuestión de Texas fue una espina clavada en el Congreso mexicano, pues México consideraba a Texas como una provincia en rebelión. Sin embargo el país estaba debilitado por los innumerables levantamientos y no podía confrontar a un gigante. Los políticos prácticos pensaban que era mejor dejar ir a Texas que dar una excusa a los Estados Unidos para levantarse en armas contra México, pero los liberales que controlaban el Congreso rechazaron los hechos y fortalecieron al ejército que patrullaba el territorio disputado entre el río Bravo y el río Nueces, un área que comprendía casi la mitad de Texas. Los texanos argumentaban que el río Bravo marcaba el límite entre Texas y México, y los mexicanos discutían que el río Nueces figuraba como el límite en los viejos mapas españoles. La patrulla mexicana tenía orden de disparar a cualquier invasor y Estados Unidos buscaba cualquier excusa para una escaramuza. El hostigamiento por ambos lados aumentó la tensión.

Santa Anna necesitaba recobrar su credibilidad y aprecio. Providencialmente, Francia le dio la oportunidad de hacerlo. En 1837 el primer ministro francés había aprovechado el tenso momento que vivía México para presionarlo. Demandó seiscientos mil pesos de indemnización por las pérdidas sufridas por sus ciudadanos en los disturbios de 1828, incluyendo sesenta mil que pedía un pastelero francés. El presidente Anastasio Bustamante se burló de la estúpida demanda y declaró que era solamente presión para coaccionar a México a firmar un acuerdo comercial preferencial con Francia. En una semana barcos franceses llegaron desde la isla de Martinica y ocuparon el puerto de Veracruz, bombardeando el viejo fuerte de San Juan de Ulúa. Bustamante no tuvo otro remedio que declarar la guerra. Encolerizado, dijo a su secretario: «¿Por qué no está el ejército de Estados Unidos aquí para romper el bloqueo francés? ¡La doctrina Monroe es una farsa!».

Santa Anna, plácidamente en su hacienda, fue despertado al oír los gritos de: «¡Guerra! ¡Veracruz está siendo bombardeada por los franceses!». Reaccionando con su dinamismo característico, al poco tiempo el general galopaba hacia el puerto. En la batalla que tuvo lugar Santa Anna perdió su pierna izquierda, amputada por debajo de la rodilla, pero se logró un acuerdo y los barcos partieron: ¡la guerra de los Pasteles se había ganado!

Sin hacer caso de los pendones negros que colgaban de los balcones de las casas en las que había cólera, los ciudadanos de Veracruz salieron a las calles y se unieron a las campanas que tocaban alegremente en honor de su héroe, a quien la pérdida de su pierna no iba a detener... Se colgó otra condecoración en su uniforme y en 1841 asumió la presidencia otra vez.

De 1841 a 1847 se sucedieron golpes, levantamientos violentos, hubo siete cambios de gobierno y una plétora de presidentes interinos. No se podía lograr coalición alguna.

Los centralistas, llamados ahora conservadores, tramaban en secreto invitar a un monarca europeo para gobernar a la nación dividida. Los federalistas que se denominaban ahora liberales luchaban por una mayor libertad en las legislaturas estatales. Hombres fuertes, de firmes convicciones, hicieron del Congreso su campo de batalla. La lucha por el poder entre los generales causaba división en sus filas. Para aumentar más el problema, la deuda externa se había incrementado enormemente, al igual que las indemnizaciones reclamadas por los Estados Unidos, Francia e Inglaterra.

Los Estados Unidos comenzaron a instigar a California a independizarse, mientras barcos ingleses y franceses esperaban en la costa para desembarcar y aprovechar el momento. Yucatán sufría una revuelta: los mayas armados desde Belice por los ingleses que tenían puestos sus ojos en Yucatán, mataban a los blancos y a los dueños de las plantaciones que pedían Yucatán se anexara a los Estados Unidos para su protección.

Durante once años Texas, la «república de la estrella solitaria», se autogobernó siempre luchando contra los indios y temiendo que México volviera con un ejército a invadir y recobrar su territorio perdido. En 1845 a Texas se le consideraba un protectorado de Inglaterra, pero rápidamente los Estados Unidos les ofrecieron aceptarlo como estado de la Unión. La oferta fue aceptada y Texas fue anexionada como un estado esclavista, añadiendo así la estrella número veintiocho a la bandera de los Estados Unidos.

El 7 de abril de 1845 un terremoto terrible azotó a la capital, derribando la cúpula de la iglesia de Santa Teresa. Durante días continuaron los temblores intermitentemente, causando enorme pánico en la ciudad. Los adivinos profetizaron la llegada de un gran desastre.

Capítulo X

Todos por el poder

Seguramente no ha habido en la historia de los Estados Unidos algo tan discutido como la guerra entre México y los Estados Unidos, que en los libros de historia de México se llama la invasión norteamericana. ¿Fue una guerra justa o una provocación de un vecino poderoso y ambicioso a luchar para aprovecharse del más débil? ¿Fue culpa de una nación dividida y en constante disputa que no había aceptado una propuesta razonable para arreglar la cuestión de Texas? Una cosa es indiscutible: cuando acabó la contienda en 1848 el mapa de América del Norte había quedado dibujado permanentemente: México había perdido la mitad de su territorio y los Estados Unidos habían surgido como una gran potencia continental.

La anexión de Texas creó un cisma profundo entre México y su poderoso vecino del norte. México nunca había cambiado su posición en cuanto a que Texas había pertenecido al territorio español del norte, por lo cual era parte de México. Con la anexión, los Estados Unidos esgrimieron diversos argumentos para convencer a México de que la independencia de Texas era un hecho y que ya era entonces un estado de la Unión Americana. El mundo observaba y se preguntaba si los Estados Unidos eran un país avasallador o si se guiaban por principios democráticos. Los republicanos conservadores en el Congreso norteamericano no se habían pronunciado sobre el asunto de Texas, en espera de una solución pacífica. En 1846 el presidente James Polk, un demócrata fuerte y beato de ideas muy firmes, fue elegido por una mínima diferencia de votos. Estaba convencido que el Destino Manifiesto de los Estados Unidos era ir hacia el oeste del continente, expandiendo la república modelo y dando tierra a los inmigrantes que estaban llegando copiosamente. California y el territorio que quedaba en medio formaban parte de sus planes. Mandó construir fuertes militares rápidamente para proteger a los colonizadores que iban hacia el oeste, pero su necesidad inmediata era someter a México. Volvió a proclamar que la tierra entre el río Nueces y el Bravo era parte de la compra de Louisiana y que el río Bravo era la única frontera aceptable para Texas y los Estados Unidos.

Polk incitó a los colonos a que rápidamente ocuparan el área en disputa y envió un ejército de 3 000 hombres, bajo el mando del general Zachary Taylor, para protegerlos. Miles de voluntarios, algunos inmigrantes recién desembarcados de Europa, se unieron a Taylor, quien había acampado en el río Nueces, cerca de Corpus Christi. El orgullo y el nacionalismo de los mexicanos se enardecieron, y su ejército del norte dobló sus efectivos en el río Bravo. Un juego de tensa espera comenzó. Si Taylor se movía hacia el sur, México atacaría. Una escaramuza llevada a cabo por la caballería mexicana en terreno disputado, en la cual persiguieron a un pelotón de tejanos y mataron a algunos, fue la chispa que prendió el fuego. Taylor incitó a los mexicanos a atacar... y la guerra se hizo inevitable. «La sangre norteamericana había sido vertida en suelo americano», fue el mensaje de Polk al Congreso. «Estamos obligados a defender a Texas. ¡Les pido declarar la guerra!». El congresista Abraham Lincoln acusó a Polk de provocar un conflicto en el río Bravo y reprobó la fiebre de guerra que se había apoderado de la sociedad norteamericana. El presidente mexicano José Joaquín de Herrera trató de convencer a sus colegas de que aceptaran la pérdida de Texas y declaró: «La guerra con los Estados Unidos es un abismo sin fondo en el que desaparecerá toda la esperanza de un futuro». Pero la dignidad de la nación estaba en juego y no hubo marcha atrás.

Luchando contra grupos de resistencia mexicana, Taylor llevó a su ejército hacia el sur, a Matamoros en el golfo de México. Con la experiencia de haber luchado contra los indios en su país Taylor era un líder fuerte, astuto y a cargo de soldados bien entrenados que tenían buena artillería y las mejores armas posibles. El ejército del norte, débil y mal pertrechado no opuso gran resistencia. Los norteamericanos construyeron un fuerte, Fort Brown, para defender su posición (27). Taylor atacó Monterrey en una dura batalla que costó la vida a muchos civiles y que dejó hondas heridas en el corazón de sus habitantes. Al rendirse Monterrey, Taylor continuó hacia el sur, y tras tomar Saltillo acampó en un llano cerca de la ciudad para esperar órdenes. Polk ordenó a Taylor entregar la mitad de su ejército al general Winfield Scott, quien navegaría a Veracruz, desembarcaría y continuaría camino hacia la capital de México a través de los cerros. El Golfo se aseguraría por medio de un bloqueo naval a los puertos mexicanos. México no contaba con barcos que pudieran hacerles frente.

Alerta y con la mitad de su ejército, Taylor esperó órdenes.

Informado de la posición del general Taylor, Santa Anna se despojó de su banda presidencial, se puso su uniforme y con sus cincuenta y dos años y una pierna de palo montó a caballo y fue hacia el norte logrando reunir veinte mil hombres a través de cuotas estatales. Con la superioridad numérica de tres a uno sobre el ejército de Taylor, Santa Anna se aproximó a Saltillo.

Un águila comenzó a descender en círculos hacia donde un joven conscripto descansaba: «¡Mira, un ángel!», dijo a su compañero con una sonrisa en su faz sudorosa. «Es un buen augurio». «No, ese no», dijo su compañero. «No es uno de los nuestros. Es un águila del norte que ha volado al sur». Sonó el clarín para continuar la marcha. Con resignación, se echaron los rifles al hombro. No habían comido hacía dos días y sus cantimploras estaban vacías...

Tomando al enemigo por sorpresa, Santa Anna atacó. Fue una batalla larga e intensa. Santa Anna cabalgaba por las líneas blandiendo su sable, animando a sus jóvenes soldados. La batalla estaba estancada sin inclinarse hacia ninguno de los bandos. Al anochecer ambos ejércitos acamparon agotados. Sin poder dormir, Taylor esperó el alba preguntándose si sobreviviría ese día. ¡Pero el día siguiente mostró solamente las cenizas del fuego del campamento de Santa Anna, quien se había retirado!

Al igual que Hidalgo en el camino a la Ciudad de México, la decisión de Santa Anna de volver a la capital es incomprensible para los analistas militares. Muchos están seguros de que podría haber derrotado a Taylor en ese momento. Su propia explicación fue que sus hombres no podían aguantar un día más de batalla. Y más importante todavía, él creía que debía volver a la capital para defenderla y restaurar la ley y el orden. El Congreso había aprobado el embargo y venta de las propiedades de la Iglesia para lograr fondos para la guerra, con lo cual habían provocado la furia de gran parte del pueblo. ¡Además, el general Scott llegaba desde Veracruz!

Un huracán en Veracruz destruyó el arco triunfal erigido para conmemorar la victoria de Santa Anna sobre los franceses, y su estatua yacía en pedazos en los adoquines de la plaza cuando desembarcaron Winfield Scott y sus tropas. Cercando a la ciudad amurallada con cañones, un bombardeo devastador acalló la vieja fortaleza y la ciudad se rindió. Los cadetes de la Escuela Naval lucharon valientemente, pero los norteamericanos los sobrepasaron con sus armas. Muchos cayeron defendiendo su ciudad, pero muchos soldados norteamericanos cayeron también, más por la fiebre amarilla que por los defensores mexicanos.

El general Scott se dirigió a las montañas, siguiendo la ruta que había tomado Cortés. Loros, guacamayas y el aroma exótico de los trópicos quedaban tras ellos mientras acarreaban su pesada artillería a través de precipicios, cañones y alturas vertiginosas.

Santa Anna estaba preparado. Los esperó en las afueras de Puebla. Esta vez tenía armas, comida y dinero suficientes para pagar a sus soldados. Conocía bien el terreno y su posición era impenetrable. Los oficiales experimentados le advirtieron que había dejado su flanco derecho expuesto al borde de una cañada. Santa Anna no había previsto la flexibilidad de la artillería moderna. Tras varios días de inspeccionar el terreno, dos ingenieros norteamericanos, el coronel Robert E. Lee y el lugarteniente P. T. Beauregard anunciaron al general Scott que era posible construir un camino y poner los cañones en posición en lo que parecía un terreno impenetrable. Santa Anna fue atacado por ese flanco y fue cercado rápidamente. Los mexicanos fueron obligados a retirarse y dispersarse, dejando tras ellos su armamento e incluso los nuevos uniformes que habían adquirido. Enormes filas de prisioneros fueron escoltados a Veracruz. Scott envió un mensaje al presidente Polk que decía: «Los mexicanos ya no cuentan con un ejército». Humillado y derrotado, Santa Anna escapó y se dirigió a la Ciudad de México.

Scott marchó hacia Puebla, el baluarte de la Iglesia católica. Tras una corta deliberación, y bajo la presión del obispo, el gobernador de Puebla pidió una votación: «Luchar hasta la muerte, dejando ríos de sangre en nuestras calles y nuestra catedral en ruinas o rendirnos y salvar nuestras vidas y nuestra ciudad. Si los norteamericanos son derrotados, alzaremos de nuevo nuestra bandera». Prefirieron no exponer su hermosa ciudad a la artillería, ni a los civiles a una matanza, por lo que Puebla se rindió ante las tropas norteamericanas.

En Washington el Congreso continuaba discutiendo sobre la justicia y el propósito de esa guerra. Los congresistas Abraham Lincoln y Daniel Webster la calificaron como un acto de agresión. El senador Henry Clay la declaró una «guerra de agresión ofensiva, pues México estaba defendiendo sus fronteras, altares y castillos…».

Al mismo tiempo que Taylor marchaba hacia el golfo de México, el ejército occidental de los Estados Unidos había comenzado un largo recorrido de 1 400 millas a lo largo del Camino de Santa Fe desde Chihuahua hasta California, con carromatos, artillería, mulas y caballos. El Camino de Santa Fe y el Camino Real eran rutas valiosas para el comercio. Poco a poco la bandera norteamericana se iba plantando en el camino. Se enviaron mensajes telegráficos a Washington informando de «levantamientos» en California. Lincoln llamó a esta marcha «una maniobra precipitada a través del territorio mexicano» y propuso una paz inmediata y honorable. Finalmente se pasó una resolución ofreciendo comprar algunos territorios y acabar la guerra. El presidente Polk envió un representante para ofrecer 30 millones de dólares por California, Nuevo México y Texas hasta el río Bravo. Enfurecido con esta proposición, el gobierno mexicano rechazó recibir al representante y lo envió de regreso a Washington. Polk se convenció entonces de que los mexicanos no dejarían de luchar hasta que su capital hubiera sido tomada.

En Puebla, Scott se detuvo a observar desde el Paso de Cortés, al pie de los volcanes nevados. Como un cuadro podía ver en la atmósfera transparente el valle de México: grandes extensiones de maizales y agaves, y haciendas blancas tipo fortaleza dispersas por el área. La capital se vislumbraba a distancia, cerca de tres lagos centelleantes.

Scott amenazó a su tropa con castigos severos en caso de que hicieran desmanes. Los soldados fueron acuartelados y descansaron. La gente de Puebla no se quejó. Los soldados norteamericanos estaban maravillados ante la riqueza y opulencia de las iglesias. Un soldado escribió: «pero lo que es de admirar es la igualad de todas las clases ante el altar. Los mexicanos parecen ser más leales hacia su Iglesia que hacia su país». El clero consideraba a los protestantes norteamericanos «invasores sin principios morales ni credo religioso». Los soldados católicos norteamericanos sentían gran simpatía hacia los mexicanos.

Durante tres meses Scott esperó refuerzos de suministros y caballos frescos, pero las guerrillas emboscaban a las patrullas en el camino de Veracruz. Desde el norte, el general Taylor con su ejército reforzado estaba marchando hacia la Ciudad de México. Scott tomó la difícil decisión de descender hacia el valle de México con sólo cuarenta mil soldados.

Aunque Santa Anna no podía ganar batallas, siempre podía formar ejércitos. A pesar de su humillación y vergüenza estaba decidido a frenar a Scott. Primero tendría que vencer a Taylor en la cercanía de la Ciudad de México. Inmediatamente levantó un ejército de dieciocho mil hombres. Los encuentros con Taylor fueron batallas brutales que dejaron pérdidas enormes en ambos lados. Aunque los mexicanos tenían superioridad numérica, la mejor artillería y las armas de los norteamericanos causaron batallas sangrientas en Churubusco, Molino del Rey y Chapultepec, y diezmaron las fuerzas mexicanas. Un batallón de irlandeses-norteamericanos, conocido como el batallón de San Patricio, desertó y se unió a los mexicanos, junto a otros católicos norteamericanos que no podían matar a compañeros de fe y religión. Los que fueron apresados después de la declaración de guerra fueron ahorcados por desertar; los que lo hicieron antes de la declaración fueron marcados con una D en la mejilla.

Se dice que unos jóvenes cadetes militares prefirieron arrojarse desde las alturas del Castillo de Chapultepec antes que ser hechos prisioneros, y estos serían los futuros Niños Héroes. Hoy en día se puede ver un monumento impresionante dedicado a ellos al pie del castillo en el bosque de Chapultepec.

El resto del ejército mexicano, tras la batalla de Chapultepec se reagrupó para enfrentar a Scott a unas tres millas de ahí, y engrosó sus filas con voluntarios patriotas: estudiantes, profesionistas, artesanos y trabajadores ofrecían sus vidas en defensa de su país, olvidando sus diferencias políticas.

Rápidamente se construyeron barricadas y 400 000 hombres se reportaron a Santa Anna, quien con voluntad y patriotismo asumió el mando.

«¿Oyes las trompetas y los tambores, papá? Es la señal para que todo hombre entre quince y sesenta años se reporte a formar brigadas. ¡Tú, yo y el abuelo defenderemos juntos la ciudad!», dijo Ramón tomando un rifle que nunca había disparado. Música militar sonaba mientras formaciones de civiles tomaban su lugar en posiciones estratégicas. El populacho gritaba ¡vivas! corriendo a su lado en las calles mientras las madres, desde los balcones y los portales, llorando les decían: «Vayan

con Dios». Lucharon con valentía y gallardía, pero poco a poco fueron cayendo todas las barricadas, hasta que los norteamericanos entraron en la ciudad. Las campanas de las iglesias, silenciosas durante muchos días, doblaron ahora avisando que las fuerzas invasoras se aproximaban. A la distancia una banda militar tocaba «Green grows the grasses, oh!». Los «gringos» se aproximaban. Ahora se escuchaba «Yankee Doodle Dandy» cantado por una fila interminable de soldados que luchaban por las calles para llegar al Zócalo y a Palacio. Niños harapientos tiraban piedras a los extranjeros y ciudadanos asustados se encerraban en sus casas o subían a sus azoteas a arrojar piedras e insultos a los asombrados «gringos» o «yankees». Un aguador, con dos cubos colgados de un palo, descargó el agua sobre los soldados que pasaban, lo único que podía hacer para hostigarlos... La rabia y desesperación colectiva unió al pueblo. «¡Ahora comprendo cómo deben haberse sentido los aztecas!», dijo alguien... Cuando llegó la noche, los defensores y los invasores, agotados, pararon la lucha.

Cansados, pero ilesos, Ramón, su padre y su abuelo volvieron a casa. Sus ojos reflejaban el dolor y la pena. «Yo estuve con Morelos en la Batalla de Cuautla», dijo el anciano. «Vi cómo se colocaba la corona de la independencia sobre la cabeza de Iturbide. Estuve en el congreso cuando se escribió la Constitución de 1824. ¿Cuándo? ¿Hace veintidós años ya? Ahora nuestra nación va a acabarse. Las lágrimas nublaron sus ojos. ¿Sería recordado México solamente como un meteoro que brilló en el cielo y desapareció en los Estados Unidos?».

La mañana del 16 de septiembre, día de la Independencia, la bandera norteamericana ondeó en el Palacio Nacional. Un silencio extraño envolvía a la ciudad. Con resignación, o acostumbrados a la guerra, los ciudadanos esperaban. Su ciudad estaba bajo asedio. La jerarquía eclesiástica observaba con indiferencia. El general Scott había declarado que no interferiría en los asuntos religiosos. Algunos, a ambos lados de la frontera, deseaban que las barras y las estrellas permanecieran en México; los fanáticos norteamericanos querían la anexión de todo el territorio mexicano, y algunos mexicanos desilusionados pensaban que México estaría mejor como protectorado de Estados Unidos. Algunos patriotas pedían al Congreso firmar un tratado de paz, mientras que otros gritaban: «¡Hay que expulsar a los norteamericanos! Las guerrillas todavía podían seguir atacando y continuar mucho tiempo...».

En febrero de 1848 se firmó y ratificó el Tratado de Guadalupe Hidalgo. México cedió la mitad de su territorio: el norte de California, Nuevo México y Texas hasta el río Bravo. A cambio, los Estados Unidos le pagaron a México quince millones de dólares, de los cuales sólo recibió realmente tres, y canceló todas las demandas de indemnización.

La nación había sobrevivido. Los ciudadanos llenaron las iglesias para dar gracias a Dios. La bandera de México ondeó de nuevo en el Palacio, los puertos y las ciudades. Ahora era el momento de construir una nueva nación todos unidos.

Durante cinco años no se produjo ninguna rebelión, Santa Anna se retiró y en un cambio de gobierno pacífico un liberal moderado tomó el mando. Para evitar otro intento de volver a asumir la presidencia, Santa Anna fue expatriado a Venezuela. Se llevó sus medallas y sus gallos de pelea. ¡Los liberales tenían ahora el control!

De repente, en la semana de Pascua de 1852 un incendio voraz se produjo en el centro de la ciudad y destruyó cuatro manzanas. En junio, el cólera azotó imparable y mató a siete mil ciudadanos en tres meses... ¿Sería esto un castigo divino por haber rechazado y expulsado a los conservadores, defensores de la Iglesia? ¡Plaga sobre las cabezas de los liberales que habían tomado y vendido las propiedades de la Iglesia!

Existían dos tipos de política incompatibles y profundamente arraigados, que causaban resentimiento y gran polarización. Los conservadores querían poner nuevas ideas en los viejos moldes. Los liberales deseaban romper los moldes. En secreto, el ministro español negoció un préstamo para los nuevos conservadores, muchos de los antiguos monárquicos. El ministro los urgió a tomar el control y traer a un miembro de la realeza española para gobernar como monarca independiente. Brasil había probado que ese sistema podía funcionar. Lucas Alamán, el más experimentado y erudito de los conservadores, comprendió que eso llevaría al país a la anarquía.

Lo que se necesitaba en esos momentos era un gobierno estable. Los Estados Unidos estaban ocupados en construir el ferrocarril hacia el oeste, y las inversiones extranjeras los estaban convirtiendo en una nación rica y próspera. En México solamente las minas, el azúcar y la industria textil sostenían una débil economía. Había que hacer frente a los bonos ingleses, construir carreteras y comprar nueva maquinaria. El gobierno moderado estaba haciendo lo que podía, pero se necesitaba alguien fuerte que llevara el timón. Se acababa el término de los liberales en 1853 y los ánimos se estaban caldeando otra vez. Tras largas deliberaciones, Alamán resolvió que la única figura política que podía mantener unido al país era... ¡Antonio López de Santa Anna! Excedidos en número por los conservadores en el Congreso, los liberales tuvieron que aceptar. Estaban seguros de que a los 58 años y con treinta años de guerras, Santa Anna actuaría con patriotismo y sensatez. Alamán logró la aprobación de Santa Anna para gobernar prácticamente como dictador, por un año. Esto les daría tiempo de buscar un monarca apropiado. Santa Anna fue llamado del exilio.

Apuesto, orgulloso y carismático, Santa Anna entró en la capital en su carruaje reluciente, por la misma ruta que llevaba a la Colegiata de Guadalupe. Fuegos artificiales estallaban en el aire, coros de niños cantaban y desde los balcones hermosas jóvenes arrojaban flores a su paso. Tomó la presidencia con toda la pompa y el boato de un rey y se le otorgó el título de «Alteza Serenísima». Para celebrar su regreso se construyó un Teatro Nacional y la temporada de ópera italiana fue excelente. Como testimonio de su patriotismo, Santa Anna convocó a un concurso para crear el himno nacional. Las palabras fueron escritas por un mexicano y la música por un español, y se cantó por primera vez en el Nuevo Teatro Nacional el 15 de septiembre de 1854.

Sin prestar atención a su esposa, las jóvenes lo adulaban, los oradores escribían y declamaban poesías exaltando su persona.

La alta sociedad lo honraba con regalos y lisonjas a cambio de favores. Estaba rodeado de aduladores que querían controlar sus actividades.

En junio de 1853 Lucas Alamán murió de repente, dejando a «Su Alteza Serenísima» sin nadie que lo controlara. Transfirió dinero de las obras públicas al ejército, incrementándolo a noventa mil elementos y trajo oficiales españoles y prusianos para entrenarlos. La guardia del Palacio vistió los mismos uniformes que los guardias suizos del papa y utilizó carruajes magníficos. Con el estilo de vida extravagante de una corte imperial, las arcas de la nación se vaciaron rápidamente, pero de nuevo Santa Anna se salvó al ofrecer a Estados Unidos comprar una parte de Arizona para extender su línea del ferrocarril. Así, los Estados Unidos se extenderían de costa a costa y conectarían el continente. Santa Anna firmó el Tratado de Gadsden en 1853 y diez millones de dólares entraron a las arcas de la nación (28).

Como su periodo estaba a punto de terminar, Santa Anna trató de extender su dictadura un año más. Algunos querían coronarlo como el segundo emperador, pero la oposición estaba ganando fuerza para controlar el Congreso y promulgar una nueva constitución. Dos veces Santa Anna trató de aplastar a los rebeldes, y dos veces resurgieron. Buscar al enemigo era tan asfixiante como el humo. Se escondía, se diseminaba y aparecía en un lugar diferente. Estaba en todas partes.

Las lámparas de gas, lo último en iluminación, alumbraban el Teatro Nacional. En sus magníficos uniformes los lanceros se alineaban en las escaleras y señoras elegantes hacían la reverencia a Su Alteza Serenísima y subían a sus palcos dorados. Otros palcos eran ocupados por los aristócratas seguidores de Santa Anna, hombres de negocios acaudalados a quienes había concedido el monopolio del azúcar o del tabaco, agentes de aduana y de otras empresas lucrativas que aseguraban su apoyo a Santa Anna. Antes de acabar la obra, un ujier abrió la puerta y susurró al oído del presidente: «Ha habido una insurrección en contra usted dirigida por Ignacio Comonfort. Viene hacia la capital».

Santa Anna salió del teatro, se cambió a su ropa de diario, puso a sus gallos de pelea en sus jaulas, empacó sus medallas y se fue a Veracruz, donde lo esperaba un barco. Intuía que esta era una rebelión diferente, una revolución que no le incumbía. Los sudamericanos lo consideraban un héroe, el Napoleón del oeste y ellos lo protegerían.

Santa Anna vivió demasiado tiempo. Tras dieciocho años de exilio, desde Colombia al Caribe tratando siempre de volver a México, pudo pasar sus últimos días en su querida hacienda. Se dice que olvidado y sin dinero, su fiel esposa pagaba a algunos soldados para que vinieran a adorarlo y a hablar de sus pasadas glorias.

Santa Anna murió en 1876 a la edad de 82 años. En sus memorias escribió: «El hombre no es nada, el poder lo es todo».

Capítulo XI

Llega la ruptura

A mediados del siglo XIX México era solamente una sombra. Desde la independencia en 1821 la nueva república había estado vacilando entre los conservadores y los liberales creando fisuras y divisiones en los gobiernos cambiantes, que no tenían poder suficiente para efectuar cambios necesarios y permanentes. Para 1855 el gobierno despótico y arbitrario de Santa Anna en su último periodo presidencial provocó otra rebelión, pero esta vez fue el choque de ideales irreconciliables.

En la oscuridad y la tristeza del caos, la luz de un claro amanecer surgía en las montañas de Oaxaca, en donde dos hijos nativos habían llegado a su edad adulta. Benito Juárez, un indio zapoteca, y Porfirio Díaz, un mestizo de origen humilde, protagonizarían el drama que se representaría en la última etapa del siglo XIX.

Una nueva generación, que no recordaba la época virreinal, estaba tomando el mando. Jóvenes mestizos remplazaban a los viejos criollos. Eran abogados, ingenieros, científicos y doctores, educados en instituciones seglares que no pertenecían a la cultura india, ni se sentían leales hacia los ideales españoles. Patriotas vehementes, estaban convencidos de que la instauración de un gobierno permanente traería el orden, la estabilidad y el progreso a México. La reforma era una obligación. Había que poner a la Iglesia y al Ejército bajo la autoridad civil. ¡La Iglesia poseía gran parte del territorio de México! Un ejército federal leal al gobierno y basado en principios democráticos bien definidos pondría fin a la anarquía y salvaría a México de una gradual anexión a los Estados Unidos. ¡La Reforma era imperativa!

Oaxaca es una región muy especial. Un estado del sur del país, con altas montañas, que se extiende en el oeste hasta el océano Pacífico y hacia el este al estado de Veracruz, en el golfo de México. Veinte lenguas nativas se hablaban, tan diferentes entre sí como el alemán del chino. Su capital, construida por los españoles, estaba situada en un valle templado y era un ejemplo de la arquitectura barroca. De las culturas étnicas dominantes, la zapoteca era la más importante, habiendo derrotado en tiempos antiguos a la etnia guerrera de los mixtecos. Los zapotecas eran políticos y comerciantes desde la antigüedad y han sobrevivido hasta nuestros días como un pueblo fuerte e inteligente. Iba a ser un indio zapoteca quien cambiaría la historia de México.

Benito Juárez

Benito Juárez nació en 1806. Sus padres murieron cuando tenía tres años y su tío le permitió cuidar sus cabras y vivir bajo su techo. A los doce años dejó su solitario ambiente, donde abundaban los cactus espinosos, y se dirigió a la ciudad de Oaxaca, a ver a su hermana, quien era sirvienta en casa de un comerciante acaudalado. Fue bienvenido y le dieron trabajo. Un encuadernador de libros, un hombre piadoso conocido del hacendado, reconoció la inteligencia de este joven indio y lo tomó bajo su tutela. Ingresó a la escuela. Aprendió rápidamente a leer y escribir en español, fue el primero de su clase y para seguir su educación entró al seminario, la única institución avanzada donde se recibía a los indios que aspiraban a ser sacerdotes. Benito dejó el estudio del latín y la teología y se inscribió en el nuevo Instituto de Arte y Ciencia, seglar, como estudiante de leyes.

Sentado en la plaza principal, escuchando a la banda militar, Benito notó a hombres que él admiraba y de los que la gente decía cuchicheando que eran los misteriosos masones que se reunían con regularidad en una gran casa en la plaza. Conversó con ellos y lo invitaron a unírseles. Era católico devoto pero pensaba que la religión debía ser algo personal y privado; la Iglesia no tenía derecho a dictar todas nuestras acciones. Como masón, se fortaleció en esta idea individualista. Benito Juárez era admirado por sus conciudadanos. Era honrado, prudente, solemne y justo. Fue elegido a la legislatura local estatal y ascendió hasta ser gobernador de Oaxaca. A los treinta y siete años se casó con la hija del comerciante que lo había ayudado. ¡Un indio había hecho la corte y se había casado con una criolla! Sombrío, con facciones oscuras, como cinceladas, Juárez ha sido comparado con un ídolo de piedra.

Convencido de que la ley debía aplicarse para todos por igual, su estilo de gobernar fue ético y justo. Firme en sus convicciones, fue incorruptible.

Amparándose en los «derechos de los estados» Benito Juárez negó a Santa Anna el derecho de pasar con su ejército por Oaxaca cuando buscaba afanosamente a los liberales que se habían refugiado cerca de Acapulco. Como dictador de la nación, y con su autoridad absoluta, Santa Anna arrestó a Juárez y lo envió al exilio. Juárez se fue a Nueva Orleáns, donde permaneció casi un año. Se dice que trabajó allí en una fábrica de puros para poder sobrevivir. Las cartas a su esposa revelan su sufrimiento al encontrarse «en el limbo». No tenía dinero para enviar a su casa, su familia vivía exiliada con amigos en Nueva York y posteriormente sus dos hijos murieron de desnutrición.

El destino puso en el camino de Juárez a otro exiliado, Melchor Ocampo, de Michoacán, un científico, bien educado, que había viajado por el mundo, y con una gran pasión por la justicia social. Ocampo fue amigo y apoyo de Juárez durante toda su vida.

Al marchar Santa Anna al exilio los partidarios de la Reforma tomaron el gobierno; Juárez y Ocampo regresaron a México y fueron nombrados miembros del gabinete por el presidente liberal interino, y posteriormente por el general Ignacio Comonfort.

El general Comonfort era un criollo adinerado, educado por los jesuitas, un hombre querido y conciliador. Su tarea era formar un congreso constitucional que promulgara una nueva constitución para México. De todo el país llegaron representantes de diecinueve estados y territorios: moderados, radicales y liberales, junto a algunos conservadores moderados. La mayoría pertenecía a la clase media; eran abogados, doctores, periodistas, comerciantes y se inclinaban hacia la transición política mesurada.

Unos cuantos liberales radicales, como Gómez Farías, Guillermo Prieto y el poeta Ignacio Ramírez, agregaron su brillante oratoria al debate. Comonfort tenía la tarea de conciliar al grupo y formar un Congreso Constitucionalista. Era urgente aplastar a los monárquicos.

La prioridad en la agenda era la Iglesia. Comonfort le asignó a un economista muy capaz, Miguel Lerdo de Tejada, la tarea de escribir una nueva ley que legislara la reforma de la tierra. La ley fue inmediatamente ratificada por el Congreso. La Ley Lerdo de Tejada en esencia retomaba las propiedades de la Iglesia y las grandes extensiones de terreno pertenecientes a corporaciones extranjeras. Estas propiedades se pondrían a la venta, los propietarios recibirían el dinero recaudado y pagarían un impuesto al gobierno. Se intentaba así crear una clase media fuerte y propietarios que aportaran un ingreso al gobierno. Confiscación con compensación, una transacción justa convertida en ley.

¡La Ley Lerdo de Tejada produjo una explosión! La Ley Juárez había puesto a la Iglesia y al Ejército bajo la ley civil. ¡La Iglesia estalló indignada! ¡No aceptaría nada! ¡Ni diálogo, ni reuniones conciliatorias! Excomulgaría a los que aprobaran la ley o compraran propiedad de la Iglesia. Se les llamó anticristos a los constitucionalistas y desde todos los púlpitos se predicó contra ellos.

El Congreso siguió reuniéndose. La cuestión de la libertad de religión surgió porque había muchos extranjeros inmigrantes viviendo en México. «Abrir la puerta a otras religiones haría tambalear los cimientos de nuestra sociedad», argumentó Comonfort. El artículo no se adoptó. Todos acordaron que el presidente fuera elegido por cuatro años, o que se presentara dos veces en sucesión y fuera sustituido por el presidente de la Suprema

Corte, si surgía la necesidad. El primer artículo de la nueva Constitución fue aprobado y ratificado. «La nación mexicana reconoce que los derechos del hombre son la base de las instituciones sociales. Como tal, declara que todas las leyes y autoridades de la nación deben respetar y apoyar las garantías otorgadas por esta Constitución».

El problema más difícil era la Iglesia; discusiones acaloradas surgían cada día. La religión es el cemento que mantiene unido a México. La Iglesia civilizó a este país, ¿por qué castigarla tanto?, debatían los moderados. El papel de la Iglesia es ser guía espiritual y no el poder económico, contestaban los radicales. ¿Y quién tiene el dinero para comprar las propiedades de la Iglesia?, continuaban los moderados.

Los constituyentes trabajaron arduamente para definir las nuevas leyes: los derechos del individuo, la libertad de prensa, la educación gratuita, el derecho al voto… «La educación es la clave. Tenemos noventa y cinco por ciento de analfabetos. ¿Cómo puede votar una mayoría analfabeta? Los políticos comprarían su voto. La educación es primordial… Señores, la misión de este congreso hoy es poner a la Iglesia y al Ejército bajo la jurisdicción de la autoridad civil. ¡No más abuso!».

Una galería abarrotada gritaba a favor o en contra. Era difícil conseguir el quórum. A favor de la Iglesia, los viejos conservadores ondeaban su bandera: ¡Familia, Iglesia, Estado! ¡Protección para nuestras sagradas instituciones! A sus ojos parecía que los liberales estaban promoviendo una sociedad promiscua donde «derechos iguales» significaba que cada uno podía hacer lo que quisiera, y «libertad de culto» significaba abrir la puerta a los protestantes, ¡y sólo Dios sabría lo que vendría después! Los sacerdotes empezaron a almacenar armas en los monasterios e incitaron a la población a utilizarlas en contra de los anticristos. Los monasterios y conventos fueron incautados, y los sacerdotes y monjas, expulsados a España. Las mujeres lloraban y pedían a sus maridos que no firmaran las leyes…

Una lámpara votiva trató de iluminar el altar de la pequeña capilla. Frente al altar las llamas fluctuaban en pequeñas veladoras, con su cera derretida hacía tiempo. Estaba oscuro en el banco donde rezaba la esposa de un soldado joven campesino. Su esposo se había unido de voluntario al ejército para defender a la Iglesia. Se retorcía las manos con desesperación. «Padre Santo, protégelo», rezaba, «lucha por ti».

En la Catedral de México, una señora bien vestida se arrodillaba y rezaba. Su esposo era un joven liberal presionado para firmar la Constitución como delegado: «¡Santa Madre de Dios, no le permitas firmarla! ¿Cómo podríamos vivir sin la certeza de un entierro cristiano, la bendición del sacerdote en la boda o en el bautismo? Se nos negaría la comunión, los últimos sacramentos, y nuestros hijos no podrían asistir a la escuela parroquial. ¡Qué sería de nuestras vidas!» (29).

Mientras los constitucionalistas debatían, los monárquicos estaban buscando en Europa un príncipe católico para que los gobernara y la Iglesia estaba armando a los pobres y a los ricos en el país. El 5 de febrero de 1857 fue ratificada y firmada frente a un crucifijo la Constitución. El viejo Gómez Farías presenció el acto en una silla de ruedas. ¡La Reforma había triunfado! Al día siguiente los conservadores declararon nula la Constitución.

Comonfort fue elegido presidente, y Benito Juárez presidente de la Suprema Corte. Desde Roma, el papa Pío IX atacó la nueva Constitución. Los conservadores apresuraron en Europa la búsqueda del emperador, cualquier emperador, que pudiera traer la paz a la patria dividida y no tuviera intereses partidistas. En México no podía ser ignorado el alzamiento de los conservadores. Comonfort, que había esperado reconciliar a ambas facciones, dimitió al no lograrlo y se autoexilió.

Comonfort se fue mientras los generales conservadores preparaban sus tropas. Juárez tuvo apenas tiempo de dejar su asiento en la Suprema Corte para sentarse en la silla presidencial cuando los generales conservadores ya estaban en Palacio. Todos los miembros del Congreso fueron arrestados, pero Juárez se escapó de milagro. Su carruaje negro fue visto partiendo velozmente hacia

Querétaro, perseguido por sus enemigos. En Guanajuato recibió una bienvenida de héroe y fue proclamado el legítimo presidente de la república por la legislatura local. Continuó hacia Guadalajara, donde casi fue ejecutado por un grupo de militares; siguió a Manzanillo, donde se embarcó hacia Panamá y La Habana. Desde ahí cruzó hacia Nueva Orleáns y en un barco de pasajeros llegó a Veracruz, donde estableció su gobierno junto con algunos congresistas que se le unieron. Decidido a respetar y gobernar según la Constitución, aunque le costara la vida, Benito Juárez sostuvo que la ley estaba sobre todas las cosas.

Para privar a sus enemigos de la mayor fuente de ingresos, Juárez tomó las agencias de aduanas y bloqueó las remesas de armas. Mientras la guerra civil continuaba a su alrededor, Juárez decidió concluir la Reforma. Todas las propiedades de la Iglesia: tierra, conventos, monasterios, hospitales, escuelas, haciendas y cualquier empresa comercial que poseyera, pertenecían ahora a la nación. Se garantizó la libertad de religión. El registro civil para nacimientos, casamientos y defunciones se volvió obligatorio (30). La guerra de la Reforma fue la más larga y sangrienta en cincuenta años de luchas constantes desde la independencia (31). Duró tres años continuos y dividió al país. Altares destruidos y santos decapitados quedaron como restos de esa guerra civil que determinaría el camino que México iba a tomar.

Al caer la noche un anciano caminaba hacia su casa entre campos quemados, por un sendero bordeado de árboles. Cruzó el patio, empujó un portón cerrado y entró a su mundo de paredes cubiertas de damasco y pinturas exquisitas. Un espejo dorado reflejaba la llama de las velas de un candelabro de cristal, lo cual indicaba que al menos uno de sus sirvientes estaba vivo. Al final de la habitación pendía un magnífico crucifijo encima de un pequeño altar. Caminó hacia él y se arrodilló en el reclinatorio rezando: «Dios mío ya vienen, dame valor; déjame morir como un soldado cristiano».

Por el campo quemado en donde vivían sus peones, una mujer india corría hacia una choza en llamas para rescatar a su hijo. Su esposo se tambaleó entre las ruinas de la choza al encontrar los cuerpos calcinados de su familia.

Los conservadores tenían generales bien entrenados, tropas más experimentadas, mejor disciplina, más dinero y la Iglesia a su favor, con su poder e influencia.

El panorama era desolador. Pueblo contra pueblo, rancheros contra guerrillas y provincias contra ciudades. Destrucción sin límite y saqueos...

Los conservadores pronto tomaron las ciudades más importantes de la meseta central y algunos territorios del sur y del norte. Declaraban la victoria, pero tenían que enfrentarse de nuevo a los liberales en otra ciudad. Estos, siempre necesitados de fondos, aguantaban. Juárez también logró mantenerse en Veracruz a pesar de dos intentos de sus enemigos por capturarlo. Estados Unidos reconoció su gobierno republicano como el gobierno legítimo de México y le enviaron armas (32).

El 22 de diciembre de 1860 se libró la última batalla. Ambos ejércitos, agotados y mermados en hombres y dinero, se encontraron cerca de la Ciudad de México. Con valor sin precedentes, y también con suerte, ganaron los liberales, y los conservadores se rindieron. Juárez, sin mucho alboroto, regresó a la Ciudad de México en su carruaje negro. El día de Navidad reinstaló el Gobierno Federal Liberal en el Palacio.

Pero el sueño de Juárez de paz y prosperidad se desvaneció rápidamente. La única herencia de su triunfo era la bancarrota económica. Las minas estaban abandonadas, las cosechas quemadas y la industria y el comercio en paro. Sus principales generales eran secuestrados y ejecutados, incluyendo a su fiel amigo, Melchor Ocampo, quien al regresar a su hacienda fue asesinado por las guerrillas. Las legislaturas estatales solamente presentaban deudas. El dinero confiscado a la Iglesia había sido gastado en la guerra en vez de en educación o construcción de caminos. El país estaba en la ruina: la deuda interna se había multiplicado y la deuda externa era descomunal. La mitad del Congreso presentó su dimisión ante Juárez, pero él permaneció firme. Después de nueve meses de gobierno, Juárez se vio obligado a tomar una medida sin precedentes: declaró una moratoria al pago de la deuda externa. Informó a los ministros de Francia, Inglaterra y España su decisión, provocando gran conmoción en la comunidad europea.

Francia, Inglaterra y España tenían nuevos motivos de queja contra los conservadores y los liberales. Hacendados españoles habían sido asesinados y sus propiedades les habían sido confiscadas, lo cual aumentó el resentimiento de España hacia México. Un general conservador había atacado un tren inglés cargado de plata y más tarde había robado en la legislación inglesa. Los inversionistas franceses habían prestado dinero a los conservadores, incluido el medio hermano de Napoleón III, y Juárez había decidido no reconocer las deudas contraídas por los conservadores.

¡México necesitaba una lección! Las tres naciones se reunieron en Londres y decidieron tomar las aduanas de Veracruz y Tampico hasta que México pagara todas las deudas.

Los primeros barcos llegaron en diciembre de 1861. Desembarcaron sus tropas y acamparon. Conociendo su situación de debilidad, Juárez envió un mensaje desesperado al presidente Lincoln, invocando la Doctrina Monroe para ahuyentar a los europeos, pero la respuesta de Lincoln a su vecino y amigo fue corta: «Necesito todos mis barcos para proteger mis propios puertos». La guerra civil norteamericana ya había comenzado.

Juárez decidió tomar una postura conciliatoria con sus «huéspedes» europeos y ofreció renegociar la deuda. Inglaterra y España firmaron el acuerdo y salieron de Veracruz. Los franceses tenían otros planes. Habían obtenido permiso de acampar en las colinas cercanas para evitar la fiebre amarilla. Juárez esperaba que salieran junto a la delegación francesa, pero no fue así.

Viendo la anarquía constante que había padecido México, y el deseo de algunos mexicanos de respeto por traer el orden y una paz duradera a su país, Napoleón III y sus consejeros se convencieron de que era justificada la invasión de México. La delegación mexicana conservadora lo había convencido de que podría derrotar a los liberales en pocos meses (33). Desde el punto de vista práctico, la hazaña aportaría también ganancias económicas. La plata de México había mantenido a la Corona de España durante trescientos años. Inversionistas franceses llegarían a México, el nuevo imperio norteamericano. Moralmente, traerían la estabilidad a un país en constantes revoluciones. Un monarca católico favorecería la cultura latina y prevendría la influencia anglosajona. Los liberales eran ladrones que robaban y despojaban a una nación católica. Este era el momento perfecto para una invasión sin la influencia de los Estados Unidos, ocupados en su propia guerra civil. El pueblo mexicano y la Iglesia estarían felices, y los inversionistas franceses también.

La aventura mexicana podía ser «la página más hermosa» de su reino. Tenía en mente enviar a un príncipe, que seguramente aceptaría la idea.

Sin dudarlo más, Napoleón III embarcó seis mil efectivos para reforzar al contingente que ya estaba acampando en Veracruz.

En poco más de un año los constitucionalistas tenían en sus manos un gobierno en bancarrota, divido, desorientado y a punto de enfrentarse al ejército más poderoso del mundo.

Capítulo XII

Sobre la dictadura

Desde su palacio de Miramar, en el mar Adriático, el príncipe Fernando Maximiliano de Habsburgo dejó su catálogo de especímenes botánicos en el que estaba trabajando y observó las velas de un pequeño barco que se dirigía hacia Trieste. Su mirada era distante, enfocada hacia un país del otro lado del Atlántico: México. Una delegación de ese país acababa de partir después de haberle propuesto una oferta tentadora. Si hubiera sido el primer hijo y no el segundo, hoy sería el emperador del poderoso imperio austro húngaro. Pero la vida no había sido del todo aburrida pues, como vicealmirante de la Marina Imperial había viajado ampliamente visitando a su prima, la reina Victoria de Inglaterra, conviviendo con muchos parientes de la realeza europea y había cruzado el Mediterráneo hasta África del Norte. También había cruzado el Atlántico para visitar a su primo, el emperador de Brasil. Sudamérica le había fascinado y había sentido gran empatía hacia los pobres que vivían en esos países. ¡Qué gran responsabilidad debía ser gobernar ahí! ¿A qué se iba a enfrentar? Desde su independencia en 1821 México había vivido en constante turbulencia, incluso habiendo perdido la mitad de su territorio. Le habían asegurado que como emperador sería recibido con fiestas y flores; toda la nación deseaba un monarca que trajera la paz y la estabilidad. Su esposa, Carlota, hija del rey de Bélgica, era una joven ambiciosa, lista para hacer el papel de emperatriz de México, y lo había animado a aceptar la oferta. Napoleón le había asegurado que el resto de los liberales serían derrotados pronto y que México, en paz, estaba preparado para recibirlo. El ejército francés ya estaba luchando en suelo mexicano.

Los campesinos se asombraban al ver al ejército francés marchar disciplinado por las montañas hacia México, las mismas montañas que había subido Cortés y el general Scott, pero según iba subiendo aumentaba su enojo al ser hostigados por guerrillas.

Esperando en la ciudad de Puebla, el general Ignacio Zaragoza había acuartelado a su pobre ejército. Con gran cantidad de voluntarios el guerrero liberal de Oaxaca, Porfirio Díaz, ofreció su ayuda al general Zaragoza. Fortificaron la ciudad y esperaron. El 5 de mayo, seguro de la victoria, el general francés lanzó a sus tropas en un ataque frontal contra las fortificaciones, pero fue superado y tuvo que retirarse hasta Veracruz. Mil cadáveres con sus condecoraciones de Magenta, Austerlitz y Crimea daban testimonio de la determinación de los mexicanos para resistir. Había sucedido un milagro. ¡Los mexicanos habían derrotado al ejército más poderoso del mundo! Esa victoria de Puebla añadió una festividad importante al calendario de México: el 5 de mayo de 1862.

Pero el júbilo duró poco. Napoleón estaba empeñado en enviar treinta mil soldados bajo el mando de uno de sus mejores generales, Elías Forey. Siete meses después Forey tomó la ciudad de Puebla y marchó directamente a la Ciudad de México.

Benito Juárez miraba desde la ventana de su despacho en el Palacio Nacional. A la distancia podía oír los tambores y las trompetas. Durante un segundo dudó: podía rendirse o escapar. Su cara de bronce mostró una expresión resuelta. Rápidamente dio instrucciones a sus ministros y al Ejército, recogió la Constitución, los archivos y lo que quedaba del tesoro, subió a su carruaje negro y escapó por la puerta trasera. ¡No se rendiría! Establecería su gobierno en algún lugar; ya lo había hecho antes. Porfirio Díaz había escapado y podía resistir en Oaxaca. De nuevo se vio al carruaje negro ponerse en camino, seguido de los miembros leales de su gabinete. Juárez se dirigía hacia el norte.

El general Forey y su ejército triunfante fueron recibidos como héroes en la capital. Cansados de años de guerra, veían a Forey como el salvador. Las campanas de la catedral tocaban alegres y el humo del incienso se elevaba en las iglesias al ofrecer oraciones por los vencedores.

Inmediatamente se nombró una regencia para gobernar hasta la llegada del emperador, todavía sin fecha fija.

Maximiliano estaba deliberando: ¿debería aceptar? Su hermano Francisco José le había pedido renunciar a su derecho de sucesión al trono de Austria. Muchas personas le advertían que México era un país voluble, en bancarrota constante e ingobernable. Le decían que cuando acabara su guerra civil los Estados Unidos no tolerarían un imperio en sus fronteras. Necesitaba el apoyo y la seguridad de un buen ejército... Carlota estaba aburrida y curiosa por comenzar una nueva vida; adelantaba mucho en el aprendizaje del español y de la historia de México. Carlos V le aseguraba que tenía derecho al trono de México, por herencia; había sido un Habsburgo, ¡y cuánta grandeza había proporcionado a España y a México!... Pero su imperio, soñaba Maximiliano, sería un imperio liberal, en el que la justicia y el orden prevalecerían: transformaría a México en una nación moderna y educada, que aportaría respeto y gloria de nuevo a la dinastía de los Habsburgo.

En 1862 Maximiliano dijo a la delegación mexicana que aceptaba el ofrecimiento bajo ciertas condiciones. Pidió un plebiscito para saber si los mexicanos, todos y no sólo los conservadores, lo aceptaban como emperador. Forey rápidamente ordenó firmarlo. Maximiliano demandó garantías por escrito de Napoleón que no retiraría la Armada Imperial hasta que todo México estuviera en paz. También pidió que se quedara la Legión Extranjera. El Tratado de Miramar estipulaba asimismo apoyo económico, pero en términos muy vagos. México asumiría ciertas deudas, pagaría los gastos de la invasión y mantendría al ejército tras la llegada de Maximiliano. Maximiliano tenía el apoyo de su suegro, Leopoldo I de Bélgica, y el beneplácito de su hermano Francisco José.

Tras firmarse el tratado, Napoleón envió otros treinta mil soldados bajo el mando de uno de sus mejores estrategas: el mariscal Bazaine, para pacificar a México.

Maximiliano y Carlota partieron de viaje por Europa para asistir a bailes extravagantes en su honor, brindando por una dinastía europea en América. A pesar de los parabienes recibidos Maximiliano comprobó que dependía solamente de Francia para su apoyo y protección.

En un día húmedo y caluroso, en abril de 1864, Maximiliano y Carlota llegaron al puerto de Veracruz. Nadie los esperaba, ni música, ni arcos de triunfo, ni flores arrojadas por súbditos felices. Se regresaron al barco para cenar. Al día siguiente el presidente de la regencia se presentó excusándose por el retraso, los recibió con cañonazos del fuerte de San Juan de Ulúa y Maximiliano dirigió a sus «súbditos» en español el siguiente discurso: «Mexicanos, su noble nación me ha designado por mayoría para gobernarlos. Con gran alegría me entrego a ese deseo».

Carlota temblaba al observar buitres volando en círculos y parados en cada esquina, y un ciudad llena de zopilotes y fiebre amarilla. Mirando hacia arriba, a través de las palmeras, podía ver una montaña cubierta de nieve. Abordaron el tren caliente y sin ventilación, seguidos de unos cuantos nobles y cien escoltas personales (húsares húngaros y lanceros franceses). Tras subir una pendiente corta, el tren terminaba y la carroza de Maximiliano fue armada, sólo para que al cruzar una barranca se rompiera una de las ruedas.

El viaje de diez días estuvo lleno de experiencias aterrorizantes y encantadoras: papagayos de plumaje multicolor observaban desde los techos de palma mientras los viajeros iban pasando de los árboles llenos de orquídeas a las plantaciones de café y a los bosques de pinos. Casuchas de adobe, indios vestidos de blanco con sombreros puntiagudos de paja y mujeres con rebozos multicolores... un cielo color zafiro... olores desconocidos... Tantos contrastes bajo una aparente armonía... Una magnífica recepción en Puebla, cuyos anfitriones eran los oficiales franceses y la élite de los conservadores poblanos y de la Ciudad de México... Al día siguiente, rodeando el volcán de la Mujer Dormida en la vieja ruta del Camino Real, construida por los españoles... y de repente, la maravillosa vista del valle de Anáhuac extendiéndose a sus pies. ¡Aquí fue donde Cortés vio por primera vez la ciudad de Tenochtitlán! Maximiliano se preguntaba si él también recibiría una pequeña bienvenida y luego solamente enfrentaría conflictos.

Con toda la pompa y el boato que esperaban sus partidarios, Maximiliano fue coronado en la catedral, donde Iturbide, el primer emperador de México, había sido coronado en 1822. La corona de Iturbide había sido «teatral», la de Maximiliano llegaría a ser «una corona fantasma». El nuevo emperador y su hermosa emperatriz se trasladaron al castillo de los virreyes, redecorado ricamente para la ocasión.

Carlota en seguida eligió a sus damas de honor de entre las mejores familias de México y comenzó a aprender las costumbres de los mexicanos. Estaba fascinada con las culturas autóctonas y pronto añadió rebozos de colores a su vestuario.

Maximiliano formó su gabinete y comenzó a explorar el país sin sobrepasar el área donde estaban las tropas francesas. Con sus trajes de charro, pantalones de cuero rajados hasta la rodilla y un gran sombrero de fieltro, galopaba por las montañas para inspeccionar un trapiche o una mina de plata. Se dejó fotografiar en traje de charro de gala con sus pantalones negros estrechos, chaqueta y sombrero grande adornado con pasamanería y botones de plata. México se estaba adentrando en él.

Los indios, con su hablar quedo y su espíritu manso, lo conmovían. Pasó una ley para devolverles sus tierras ancestrales que habían sido tomadas ilegalmente por los hacendados. Algunos de los hacendados protestaron, pero sin resultado.

Se dice, aunque no se ha podido comprobar, que Maximiliano tuvo una amante, la India Bonita, en Cuernavaca, su lugar favorito para pasar los fines de semana y donde los hermosos jardines Borda eran un lugar paradisiaco.

El primer conflicto importante que enfrentó Maximiliano fue contra la Iglesia. Roma envió un nuncio para que declarara nulas las leyes pasadas por «el infiel» Benito Juárez. «¡Absurdo!», declaró Maximiliano, que se consideraba un soberano «ilustrado». ¡La Santa Sede trataba de frenar la modernización de esta nación! Las propiedades no serían devueltas ni se abrogaría el acuerdo sobre la libertad de culto, aunque se declaraba que la fe católica sería la religión del Estado. Como recompensa Maximiliano propuso un acuerdo en el que el Estado asumiría la responsabilidad sobre los salarios de los clérigos.

La cara del nuncio se puso roja del coraje; el desacuerdo era profundo. Los liberales comenzaron a alabar a Maximiliano, diciendo que había defendido las doctrinas de Juárez. Los conservadores que habían colocado a Maximiliano en el trono se mofaron de su actitud frente a la Iglesia. La ciudad estaba dividida en dos campos, incitados por la prensa. Muy irritada, Carlota escribió una carta a su amiga, la emperatriz Eugenia, la esposa de Napoleón. «¡Nuestros conservadores se creen guardianes del papa… para ellos la religión es sinónimo de diezmos y del derecho a tener propiedades!». Carlota apoyaba a su esposo completamente.

Carlota miraba desde la terraza del castillo los ahuehuetes que crecían en el bosque de Chapultepec desde tiempos de Moctezuma. Había escrito a la familia y amigos describiendo los jardines y las fuentes de ese hermoso castillo. Se sentía contenta ahí. Construido sobre una colina rocosa, como Miramar, podía ver todo el valle de México. Los lagos y canales brillaban y los majestuosos volcanes parecían guardianes eternos. Desde la terraza de su dormitorio, Carlota podía ver con sus binoculares el Palacio en el zócalo y observar la carroza de Maximiliano cuando pasaba frente a los portales. Su amado Max la había sorprendido y había construido una avenida hasta el castillo. La había llamado el Paseo de la Emperatriz y decía que un día esa amplia avenida se parecería a los Campos Elíseos de París.

El 16 de septiembre Maximiliano viajó a Dolores Hidalgo y dio un discurso muy patriótico en español en el cual honró a «nuestros héroes». El mismo día, Benito Juárez dio un discurso apasionado en el estado de Chihuahua en el cual se burló del usurpador y pidió a sus soldados que se le unieran y destronaran al emperador.

El mariscal Bazaine tomó una ciudad tras otra en el sur, pero las guerrillas las volvían a ocupar, siendo más numerosas que las escasas avanzadas francesas; ni siquiera sus tropas de élite africanas, expertas en la lucha en el desierto, podían prever los ataques sorpresivos del enemigo.

Carlota estaba horrorizada ante el sacrificio de los jóvenes belgas que su padre había enviado. Pidió a Napoleón enviar más tropas francesas. ¿Qué había pasado con el acuerdo de París? Maximiliano no le dijo que el país estaba en bancarrota, ya que Juárez controlaba las aduanas en la frontera con Estados Unidos, con lo que reducía los ingresos enormemente. En aquel acuerdo había prometido pagar al ejército y también la enorme deuda francesa. La Legión Extranjera tenía que resguardar el transporte de la plata que se llevaba a Veracruz. Además, habían gastado demasiado en renovar el castillo y en dar fiestas. El imperio se había desangrado por los impuestos y el pago de intereses de la deuda externa. No había dinero para educar a sus dulces, mansos y desnutridos indígenas, la columna vertebral de su imperio. Juárez debía ser derrotado o debería unirse a él. Muy tolerante y sin estar de acuerdo con las cortes europeas arcaicas, Maximiliano se dio cuenta de que sus ideas estaban más de acuerdo con las de los liberales que con las de los conservadores. Él y Juárez tenían la misma visión de un México justo, con ricos y pobres unidos bajo la ley. ¡Juntos podían hacer que este sueño se volviera realidad! En un momento de fantasía propuso formalmente a Juárez que se rindiera y tomara el puesto de presidente de la Suprema Corte. La respuesta fue rotunda: ¡nunca! La república lucharía hasta arrojar a los extranjeros invasores de sus playas.

Bazaine incorporó a todos los voluntarios conservadores y pronto empezó a aceptar conscriptos inexpertos, indios indisciplinados que no sabían por lo que luchaban. Se dirigió al norte y Juárez inmediatamente envió un mensaje al presidente Lincoln pidiendo ayuda para expulsar a los franceses. ¡Pero el 14 de abril Lincoln había sido asesinado! Maximiliano se apresuró a enviar su pésame y convocó una conferencia con el nuevo gobierno. El presidente Andrew Johnson desechó la petición diciendo que los Estados Unidos reconocían a Benito Juárez como el presidente legítimo de México.

Napoleón III no podía dormir. Su aventura mexicana no estaba saliendo como lo había planeado. Ni siquiera Bazaine había podido pacificar al país y además Maximiliano tenían graves problemas financieros. Un rumor empezó a circular: el ejército francés había invadido un país inocente y hacía pagar impuestos a los franceses para mantener a los banqueros...

Bismarck había comenzado a ascender en Europa. Había unido a Alemania y no tardaría en poner sus ojos en Francia. Además, una mañana había recibido una visita inesperada del ministro norteamericano en Francia que le había preguntado qué hacían las tropas francesas en México. Napoleón había contestado rápidamente que estaban allí para asegurar el pago de la deuda mexicana.

—¿Cuándo se irán? —preguntó Bismarck.

—Pronto —contestó enojado Napoleón.

—¿Y quién es ese emperador?

—Un Habsburgo austriaco que trata de poner orden en el caos de México, y ahora, con su permiso, tengo que irme.

Inmediatamente Napoleón envió un mensaje privado a Bazaine: «Proceda a retirar sus tropas. Quiero que estén fuera de México en un año. No le diga a Maximiliano». México ya no iba a ser *la gloire de la patrie.*

La suerte estaba echada. A medida que se retiraban las tropas francesas aparecían las guerrillas por doquier luchando por la república. En un acto muy disputado Juárez rehusó dejar la presidencia al presidente de la Suprema Corte cuando acabó su término, pues pensó que no era el momento de cambiar de presidente.

Pronto se hizo evidente para Carlota y Maximiliano que Napoleón no pretendía cumplir sus promesas. Los liberales tomaban una ciudad tras otra y las tropas francesas se embarcaban para Europa… El final estaba próximo. Maximiliano vaciló, ¿debería renunciar al trono y despedir a los mexicanos leales que lo defendían? Carlota suplicaba: «¡No puedes abdicar! Mientras lleves esa corona, tú eres México».

Viendo la traición de Napoleón, Carlota partió para Francia para exigir a Napoleón que regresara sus tropas. «Napoleón está enfermo», «Napoleón no está», le decían… Napoleón no quiso recibirla. Finalmente, rodeado de su esposa y sus ministros, el emperador de Francia se enfrentó a la joven emperatriz de México. Su chambelán iba a abrir su portafolio cuando la plana mayor de Napoleón se puso a la defensiva, ridiculizando a México por no poder pagar, enseñando listas del enorme costo que su esposo estaba causando a Francia. La retirada de las tropas francesas estaba justificada porque Napoleón las necesitaba en Francia. Abatida, Carlota pidió ayuda a Francisco José. No podía enviar tropas, pero podía dar apoyo diplomático. El rumor de que los Estados Unidos amenazaban con invocar la Doctrina Monroe para expulsar a Maximiliano causó indignación entre los diplomáticos de ambos continentes. La política dictatorial de los Estados Unidos aprovechaba esta doctrina para expulsar a un gobierno si no les convenía… Carlota llevó su petición al Vaticano, pero la Iglesia le recordó la lista de perjuicios que había causado su esposo. Desesperada, Carlota recorrió las capitales de Europa buscando ayuda, volviéndose cada día más agitada, atormentada, irracional, acusando a sus anfitriones de tratar de asesinarla y de dejar que Max muriera. Tras meses de luchar contra sus fantasmas, fue declarada loca y finalmente fue internada en un palacio en Bélgica.

Maximiliano enfrentaba un momento decisivo: las fuerzas de Juárez habían aumentado a treinta mil. Carlota no estaba presente cuando su esposo se abotonó el uniforme y desenvainó su sable. Se pondría al frente de su ejército de seis mil leales mexicanos y el resto de las tropas francesas. Condujo una pequeña tropa a Querétaro, a donde se estaba aproximando Juárez. Sus generales, capaces y con experiencia, le aconsejaron tratar de derrotar al ejército liberal que avanzaba para así mantener la entrada de Querétaro y derrotar las hordas de Juárez. El plan fracasó. El asedio de Juárez a Querétaro duró meses. Maximiliano fue encarcelado. Mientras su cuerpo temblaba de hambre, desapareció su esperanza de alcanzar clemencia.

Juárez, gobernando desde San Luis Potosí, fijó una fecha para la ejecución. La noticia cundió por todo el mundo. De repente, ese indio salido de los maizales adquiría una importancia universal. De todo el mundo recibió Juárez mensajes y cablegramas pidiendo el perdón para Maximiliano. Todos los reyes de Europa, Garibaldi —que acababa de unificar Italia y era un liberal—, el presidente de Estados Unidos e incluso hombres de letras como Víctor Hugo pidieron que se salvara la vida de Maximiliano. «Déjelo volver a su castillo de Miramar. No es un usurpador ni un invasor; él creía que había sido invitado a México por los mismos mexicanos». Napoleón ofreció retirar a todos sus soldados. Incluso el general Mariano Escobedo, que había puesto en prisión a Maximiliano, trató de convencer a su presidente de que sería más respetado en el mundo si perdonaba la vida del pobre austriaco. Pero la cara de piedra de Juárez no mostró ninguna emoción. «No soy yo quien lo condena; es la ley. Es el deseo del pueblo», dijo. Los periódicos franceses declaraban: «¿Quién es ese pueblo atroz? Dos de sus generales, Miguel Miramón y Tomás Mejía, han decidido ser fusilados con él y la gente de Querétaro lo ha alimentado junto con su ejército durante el largo asedio».

Maximiliano fue ejecutado en el Cerro de las Campanas en Querétaro el 19 de junio de 1867. Sus últimas palabras fueron: «Ojalá que mi sangre sirva para el bien de esta tierra. ¡Viva México!». Está enterrado con los Habsburgo en Viena.

Carlota fue informada de su muerte y en su locura hablaba con él todos los días. Ella vivió muchos años. Cinco imperios se derrumbaron durante su vida; los cañones de la Primera Guerra Mundial resonaron en las paredes de su jardín; nació la era del jazz; los automóviles y la radio fueron cosas cotidianas, y París se volvió la meca de las nuevas culturas: música disonante, pintura distorsionada, sexo mencionado en los escenarios de vanguardia... Carlota murió en 1927 a los 86 años, siendo una emperatriz hasta sus últimos días.

El reinado del trágico emperador y la emperatriz de México duro sólo tres años, pero ha inspirado innumerables libros, obras de teatro y una película. Su presencia en México persiste todavía en el Castillo de Chapultepec, hoy en día un museo. La magnífica carroza dorada de Maximiliano está expuesta en un lugar prominente. Las habitaciones de los emperadores de México son visitadas por personas de todo el mundo. Muchos se asoman a la terraza de Carlota y se maravillan de los altos edificios a lo largo de la amplia avenida trazada por Maximiliano, llamada hoy Paseo de la Reforma en honor a Benito Juárez (34).

El último bastión de Maximiliano, Puebla, cayó bajo el ejército liberal de Porfirio Díaz. Bajando de la montaña, cantando su victoria, Díaz llegó pronto a la Ciudad de México. Con una estrategia bien planeada su ejército de tres mil quinientos efectivos rodeó la capital y obligó a escapar a los pocos franceses que quedaban. Al atardecer, la carroza negra de Juárez entró a la capital, donde el defensor de la Constitución tomó de nuevo su puesto. Había sobrevivido a diez años de conflictos.

El triunfo de la República cerró el ciclo de la larga lucha por la independencia defendida por Hidalgo y Morelos. El año 1867 marcó el fin de una época. México tenía ahora un gobierno federal, representativo y laico, y así se ha mantenido.

Todos los héroes históricos se vuelven mitos y leyendas en los libros de historia sin contar sus errores. Se sabe que Juárez firmó el infame Tratado de Melchor Ocampo, en el que México vendía a Estados Unidos el derecho de paso del ferrocarril del Pacífico al golfo de México a través del istmo de Tehuantepec, guardado y protegido por tropas norteamericanas con entrada libre por México.

Se comenzó a construir el ferrocarril, pero afortunadamente el tratado no fue ratificado por el Congreso de los Estados Unidos. Muchas veces también, desesperado por lograr fondos «para salvar a la República», Juárez estuvo a punto de vender parte del territorio mexicano a los Estados Unidos, pero no llegó a realizarse la venta. Se le ha acusado también de usar la Constitución como excusa para reelegirse. Pero lo que él logró, su integridad y su resolución de defender la República hasta la muerte ha colocado su nombre entre los héroes de México. Existe una calle Juárez en casi todas las ciudades y pueblos de México. Un hemiciclo magnífico de mármol blanco embellece la Alameda Central de México, con sus palabras: «Entre los individuos, como entre las naciones, el respeto al derecho ajeno es la paz», grabadas en piedra, bronce y mármol. Benito Juárez fue reelegido en 1871 y murió durante su presidencia en 1872.

México no estaba destinado a gozar de paz todavía. La deuda externa había crecido a tal grado durante el último periodo de Juárez que los ingleses continuaban hostigando a las puertas del Congreso. Sin embargo, la industria y el comercio empezaron a florecer. El ferrocarril espectacular que se había empezado a construir en 1850 de Veracruz a la Ciudad de México, elevándose a diez mil pies desde la costa del Golfo, fue inaugurado finalmente en 1873. Una fuerte industria textil estaba en vías de crecimiento.

Las minas comenzaron a operar con nuevo equipo. La mayoría de las importaciones y exportaciones estaban en manos extranjeras, sobre todo británicas. El contrabando en los puertos del Pacífico había aportado mucho dinero a los comerciantes locales, sin interferencia del gobierno. Contrabandistas extranjeros habían hecho circular toneladas de armas a través de esos puertos y muchos barcos habían navegado por la costa del Pacífico sin ser molestados. Hacia la mitad del siglo, muchos pasajeros contagiados con la «fiebre del oro» cruzaban desde Panamá y tomaban un barco a California para unirse a la locura de los gambusinos por encontrar oro. Navegando por la costa, compraban y vendían todo tipo de mercancías en los puertos mexicanos sin pagar impuestos. Juárez finalmente estableció aduanas en los puertos principales: Manzanillo, Mazatlán y Acapulco, y esto redundó en ingresos muy necesitados.

Sin embargo, con la finalización del ferrocarril transcontinental en los Estados Unidos se eliminó el comercio activo en los puertos mexicanos.

Juárez comenzó a construir nuevas escuelas, carreteras y a reparar algunas iglesias, pero el descontento se percibía en los valles y resonaba en los muros de los pueblos. Los viejos caciques ya no tenían guerrillas que dirigir, ni habían conseguido puestos políticos importantes ni recompensa por sus victorias. Los soldados habían sido licenciados y habían regresado a sus pobres casas sin paga alguna. El país se llenó de bandidos que asaltaban las rutas comerciales y los viajes se volvieron peligrosos. Sólo los muy valientes se atrevían a utilizar las diligencias escoltadas por soldados; siete días hacia Veracruz, trece hacia Guadalajara y un mes hasta Monterrey. El sueño de Juárez de un país de pequeños terratenientes y una clase media próspera había desaparecido en los tres años de guerra civil.

Los indios habían obtenido y trabajado las antiguas tierras comunales y habían conseguido sus títulos de propiedad, pero los mestizos los habían convencido de que se los vendieran por una bicoca. A diferencia de los tiempos virreinales, muchos nuevos hacendados eran hijos de extranjeros que habían trabajado en compañías y fábricas confiscadas bajo la Ley Lerdo. Habían pagado sus impuestos y obtenido títulos legales para sus haciendas. Esta nueva clase de criollos de ascendencia francesa, alemana, británica y norteamericana tendrían gran importancia política y económica en el futuro.

Mientras los texanos conducían ganado desde el lejano Canadá y poblaban su estado, la población de México había sido diezmada por la guerra y las enfermedades. La tasa de mortalidad era enorme; el hambre y el poco conocimiento de la higiene eran los problemas endémicos de los pobres. Las cantinas se multiplicaron y los hombres se embriagaban por cinco centavos de pulque o aguardiente.

La incertidumbre y el constante desorden habían provocado que el capital extranjero de México se fuera a Argentina, Venezuela,

Chile o Brasil. México era considerado como el país de «la eterna revolución».

A pesar de que en 1872 la Ciudad de México era la más importante de América Latina, con trescientos mil habitantes, era una ciudad en ruinas, una ciudad cuya historia había golpeado sus calles adoquinadas y aceras ondulantes durante muchos generaciones.

Cuando Juárez murió, el cansancio y el descontento cubrían al país como un velo.

El descontento también permeaba al Congreso.

Sebastián Lerdo de Tejada fue elegido presidente interino a la muerte de Juárez y después se presentó en 1876, ganando en una elección muy disputada. El líder indiscutible de los liberales descontentos era Porfirio Díaz, el apuesto, astuto y valiente luchador de Oaxaca que había participado en setenta batallas desde que tenía dieciséis años. Había apoyado a Zaragoza contra los franceses invasores en la primera batalla de Puebla, el famoso 5 de mayo; había sitiado la ciudad y obligado a marcharse precisamente a Maximiliano y sus conservadores. Había abierto el camino para el retorno de Juárez, y el mismo Juárez le había concedido el rango de general. En la última elección había contendido contra su exprofesor de leyes y le había gritado: «¡Dictador, no es la Constitución lo que defiendes sino tu asiento en la silla presidencial. No reelección!». Juárez advirtió al Congreso que Porfirio Díaz era un hombre ambicioso y peligroso. En un golpe de Estado fallido, Díaz fue vencido y enviado a Oaxaca.

Cuando Lerdo de Tejada fue elegido para un segundo término en 1876, Díaz estaba preparado. En un golpe maestro rápido, Lerdo fue obligado a abandonar la lucha y marchar al exilio.

La carrera militar había moldeado a Díaz para ser el dictador duro y astuto que gobernaría a México durante los próximos treinta y cuatro años.

Capítulo XIII

Contra Porfirio Díaz

En el fondo de su conciencia, Porfirio Díaz admiraba a Juárez. Ambos venían de Oaxaca, uno zapoteca puro, el otro de sangre mixteca, ambos enigmáticos, paternalistas, compartiendo un profundo amor por su país. Ambos compartían también la misma visión de un México en paz, moderno y próspero. Juárez había establecido las bases: la ley, la estabilidad política. Ahora le tocaba a la nueva generación lograr la estabilidad económica.

Tras el autoexilio de Lerdo de Tejada, la presidencia de Díaz, legalmente ratificada por el Congreso, enfocó toda su astucia política y militar en lograr algo que estaba grabado en su mente: paz, orden y progreso. Paz era lo primero, a cualquier precio. Para combatir el bandolerismo, Díaz creó regimientos de «rurales». Los jefes de bandidos se convirtieron en policías rurales, bien pertrechados y bien pagados. Ladrones atrapando a ladrones. A caballo en sus uniformes de charro con sus grandes sombreros de fieltro, los temibles «rurales» cabalgaban hasta los pueblos más remotos. Conocían todos los escondites y las argucias de aquellos a quienes ahora perseguían, y a su paso dejaban una cadena de cuerpos colgando de los árboles. En cuatro años el campo y los caminos fueron seguros.

Su larga carrera militar había enseñado a Díaz que los ejércitos se construían a base de obediencia a la autoridad; la suya sería absoluta. La guerra táctica requería una estrategia bien coordinada. Aplicándola a la política, sería: «Haz creer a tu enemigo que tiene tu apoyo, y después "muévele el tapete"». Enfrentar a un contendiente contra otro, sin revelar a cuál de los dos iba a escoger. La ambivalencia mantendría a todos en la incertidumbre: es decir, mostrar favoritismo hacia un aspirante político mientras animaba la ambición del otro... así pronto se destruirían mutuamente. Mantener las facciones políticas bajo control equilibrando posturas opuestas. Distribuyó generosamente los puestos políticos y los favores entre las diversas facciones, hasta que acabó con la oposición. Con inteligencia, Díaz se rodeó de hombres de experiencia. «Pan y palo» para los militares: concesiones en forma de minas y tierra era el pan ofrecido a cambio de lealtad absoluta. Acusaciones amenazadoras, vergüenza y ostracismo, el palo para los que no obedecieran. Para asegurarse contra nuevos levantamientos de las guerrillas, Díaz formó un Ejército Nacional bien equipado y bien armado, y envió a sus oficiales a Francia e Inglaterra para su entrenamiento. Una fuerza de policía local mantenía las calles libres de robos... Control de la prensa a base de «apretar las riendas pero que no estallen». La conciliación con la Iglesia católica era necesaria; ignorando con discreción la legislación antieclesiástica de la Constitución, Díaz permitió la entrada de nuevos misioneros y educadores, y las escuelas parroquiales volvieron a funcionar. A cambio de esto, la Iglesia ordenó a los fieles la obediencia a la autoridad civil.

Díaz, un masón del grado 33, presidía las ceremonias masónicas, mantenía relaciones excelentes con los protestantes y al mismo tiempo se declaraba católico ferviente. Era un maestro en el arte de la seducción.

Se le ha llamado déspota, pero su política del «gran garrote» logró paz y estabilidad. Después de cincuenta años de luchas, el pueblo cansado prefería someterse a un dictador. Antes de terminar su primer mandato Díaz había obtenido el reconocimiento de los Estados Unidos como presidente de la República de México. (Había pagado puntualmente cada plazo de la deuda extranjera).

Para honrar su propuesta de «Sufragio efectivo, no reelección», Díaz escogió a su compadre y compañero de armas, Manuel

González, para presentarse a la elección de 1880. Con su títere instalado en el gobierno, él regresó a Oaxaca como gobernador. La Constitución permitía reelección después de otro periodo presidencial, por lo que en 1884 Díaz regresó a la capital y ganó las elecciones por una mayoría convincente. Tal como había sucedido con Juárez y Lerdo, la restricción de la Constitución frenaba la ambición de Porfirio Díaz, por lo que expandió la cláusula constitucional para permitir la reelección indefinida. Las elecciones se llevaban a cabo rigurosamente cada cuatro años, pero era una farsa, un rito al culto del hombre fuerte que había conseguido traer a México paz y progreso.

Carmelita Romero Rubio colocó sus libros en la mesa y esperó a su alumno con ansiedad. Había estudiado en un colegio católico en Estados Unidos y era una profesora de inglés titulada. Carmelita se vestía a la última moda, mantenía su cabeza aristocrática erguida y hablaba con voz bien modulada. Tenía diecisiete años y era hija de un político importante, rico y ligado a los grupos acaudalados del centro de México, del gobierno de Lerdo de Tejada. Carmelita estaba intrigada con su alumno. Era brusco pero denotaba determinación, confianza en sí mismo y una fuerza viril propia de los militares. También era un poco atemorizante. Un viudo desde hacía dos años era el tema de conversación en las reuniones femeninas y entre las madres ambiciosas. Carmelita se puso de pie y estiró su falda al oír que se aproximaba su alumno. Porfirio Díaz entró a su estudio y dio los buenos días a su joven maestra.

Antes de acabar el año, en 1881, un sacerdote católico unía en matrimonio a Carmelita, de diecisiete años, con Porfirio Díaz, de cincuenta y uno. Él había adquirido una joya bien pulida y ella un diamante en bruto que iba a ser pulido bajo su tutela.

La última década del siglo fue de opulencia. «Don Porfirio», como se le llamaba cariñosamente, «reinaba» en la república y era reconocido en el extranjero como un estadista ilustre. Carmelita había convertido al soldado tosco en un caballero culto y educado. Le cortó la barba, le compró guantes, le consiguió buenos sastres, le enseñó que no era correcto escupir en el suelo, le enseñó inglés y lo llevó a Europa.

Europa disfrutaba de su *belle époque*. Los Estados Unidos habían consolidado su marcha hacia el oeste, una marcha que igualaba el rápido avance de la tecnología: el foco eléctrico, el fonógrafo, el teléfono, el aeroplano y el automóvil saludaron al siglo XX. En los Estados Unidos los trenes conectaban a Texas con Canadá, Nueva York y San Francisco, mientras que en México sólo se habían instalado 600 kilómetros de vías férreas.

Díaz se encontró con Edison en Nueva York y se interesó mucho por sus inventos. Díaz había instalado líneas telefónicas para el año 1879 y había expandido las líneas telegráficas. Para finales de su segundo periodo presidencial, 1888, Díaz había abierto completamente las puertas a la inversión extranjera.

Desde 1880 Europa se había dedicado a dividirse África. Inglaterra tenía un gran imperio y ahora, con sus colonias bien establecidas, puso su mirada en México. Veracruz albergaba a barcos de todas las nacionalidades. Prevalecían las banderas de Inglaterra, Francia y Alemania, pero también ondeaban en los mástiles banderas de Italia, España, Holanda y Japón. (A pesar del descontento de los norteamericanos, Díaz había otorgado a Japón los derechos de pesca en el golfo de Cortés, en Baja California).

Una vez que se había conquistado el oeste, el nuevo Destino Manifiesto de los Estados Unidos era la conquista comercial. Ahora veían a México como el proveedor de materias primas: plata, oro, cobre, plomo, madera, pastizales y mano de obra barata. En 1900, un quimérico norteamericano, Edward Doheney, perforó el suelo de Tampico y una sustancia negra pegajosa, ya conocida por los indios, surgió de la tierra: un surtidor de oro negro. ¡Petróleo! Los ingleses llegaron inmediatamente después de los norteamericanos y pronto el Lord del almirantazgo, Winston Churchill, convenció al Parlamento de que cambiara el combustible de la Marina Real inglesa de carbón a petróleo.

Weetman Pearson, el ingeniero inglés que había construido el ferrocarril que atravesaba el istmo de Tehuantepec y unía al

Pacífico con el golfo de México, era uno de los personajes favoritos de don Porfirio. Díaz le concedió el contrato más favorable para explotar el petróleo, por lo que al ingeniero le concedieron el título real de Lord Cowdray. Las compañías Shell de Inglaterra y Standard Oil de Estados Unidos perforaron multitud de pozos.

Díaz controlaba políticamente cada puesto en el país. Designaba a los gobernadores, alcaldes y al Congreso. Practicaba «el dedazo»: señalaba con su dedo a un candidato y el hombre era elegido para el puesto, sin oposición. Francisco Bulnes, un intelectual e historiador, definía el estado de la nación en pocas palabras: «El progreso, la paz y el crédito dependen de Porfirio Díaz. Porfirio Díaz es mortal. El progreso, la paz y el crédito morirán con él». El progreso económico estaba bien establecido, pero el progreso social estaba estancado.

El asunto más espinoso era el problema agrario. Al igual que Carlos III en el siglo XVIII, quien envió a su administrador general para auditar cada empresa, acabar con la corrupción y hacer de la Nueva España un virreinato más productivo, Díaz ignoró los problemas sociales en su marcha hacia el progreso. De nuevo el peón era prácticamente un esclavo en las haciendas, las cuales se habían incrementado y crecido tanto que a veces sobrepasaban a los pueblos cercanos. La tierra estaba en manos de unos pocos. La familia Terraza, en Chihuahua, bromeaba diciendo que sus haciendas no estaban en el estado de Chihuahua, sino que el estado de Chihuahua estaba dentro de sus propiedades. Los norteamericanos poseían grandes terrenos. Los Guggenheim y los Rockefeller en el norte, y Hearst en el noroeste, llegaron a hacer grandes fortunas. «Los mexicanos pueden aguantar la opresión, esclavitud y tiranía», dijo Porfirio Díaz a un reportero norteamericano, «pero lo que temen es la falta de pan, de un techo y la necesidad de sacrificar celebrar la fiesta a la Virgen o a su quinceañera por falta de recursos». En realidad, comida, familia y fiesta eran los pilares de la vida. Era suficiente para el pueblo.

El día aparecía claro y limpio para la tradicional «batalla de las flores» de la primavera. La Alameda Central había sido acordonada para el evento y el pueblo se apretaba contra las cuerdas para ver pasar las bonitas carrozas. En el estrado principal, sombreros de copa y bombines sobresalían sobre los vestidos floreados y sombreros que ocultaban las caras femeninas expectantes. Los jueces se sentaban solemnes en la primera fila. Los carruajes se alineaban rebosantes de rosas, magnolias, margaritas, gladiolas y todo tipo de flores colgando en guirnaldas. Las jóvenes de la alta sociedad con vestidos de volantes y grandes lazos en su pelo, llevaban las riendas de sus ponys o caballos, exhibiéndose alrededor del parque. Los trovadores tocaban sus guitarras y cien violines ofrecían su serenata. Finalmente, el maestro de ceremonias tocó su trompeta y la multitud calló. Se anunció la ganadora: «Primer lugar, la señorita María Alicia Corcuera Escalante.» La «Reina de las Hadas» con sus miles de rosas, mariposas de papel y follaje encabezó la procesión hacia el Parque de Chapultepec, donde se realizaba la batalla arrojándose flores mutuamente y un sinfín de niños recogiéndolas para volverlas a arrojar. Esa noche la Reina de las Hadas dormía el sueño de los encantados.

En su choza de adobe, de una sola habitación, Juana se arrodillaba frente al brasero haciendo tortillas y colocándolas en el comal caliente, tal como lo hicieran su madre, su abuela y su bisabuela. El humo se esparcía por la cocina sin molestar al bebé que dormía en una pequeña hamaca colgando del techo. Juana se sentó un minuto y se palpó el vientre. ¿Estaría otra vez embarazada? Dos niños habían muerto antes de cumplir el año, y tal vez éste moriría también. Oyó venir a Tomás y volvió a su tarea. Casi era de noche, y él había salido a trabajar de madrugada. Tomás se sentó en el suelo. «Ve a buscar a Carlos y dile que vaya a traer agua». Dijo Juana. Carlos tenía ya once años y podía traer dos cubos. El pozo más cercano estaba a un kilómetro. «Y dile a Antonio que recoja más leña, porque ya casi se ha terminado. Los muchachos están afuera», concluyó. Tomás se levantó y enderezó su espalda cansada. «Iré con Antonio. No puede todavía traer ni siquiera una brazada». Antonio tenía cinco años. Después de que la familia comió sus tacos de frijoles, nopales y arroz, Juana tapó con su rebozo a sus dos hijos y se acostó junto a Tomás. Él estaba tan cansado que ni siquiera se dio la vuelta. Ella rezó el *rosario antes de dormirse y dio gracias a Dios por el saco de arroz que la patrona, esposa del hacendado, les había enviado.*

El pueblo gozaba de la paz y soñaba con el bienestar material. Como si hubieran sido hechizados por un brujo, solamente miraban dentro de sus cuatro paredes y de su familia. La nación estaba en paz. La tesorería estaba llena. En el extranjero, Díaz había ganado la reputación de ser «el salvador de México», el hombre que pagaba sus deudas y cumplía sus contratos. En el país, era el tlatoani, el virrey, el presidente real, un padre estricto y benevolente.

Los primeros diez años del siglo XX se caracterizaron por el culto al progreso, que se infiltró entre los políticos, a quienes se empezó a denominar «los científicos».

Estaban convencidos de que la tecnología salvaría al mundo, especialmente a México. En vez del humo de los cañones, el de cinco mil quinientas fábricas se elevaba en el paisaje. Fábricas de textiles, vidrio, acero, papel, cemento, jabón, zapatos, cerveza y cigarrillos trabajaban en México, que además era el quinto productor de oro en el mundo, el segundo en cobre y el primero en plata.

Los mexicanos mostraban gran aptitud para utilizar herramientas. Se entrenaba a muchos capataces, y los ingenieros, arquitectos, ganaderos, mineros, ferrocarrileros y dueños de fábricas norteamericanos entrenaban a miles de mexicanos, aunque los salarios eran una bicoca comparados con los de los trabajadores norteamericanos, y sólo unos pocos pesos iban a parar a las arcas del tesoro de la nación, ya que pagaban impuestos muy bajos. El peligro era que los inversionistas «yanquis» dominaban tanto las exportaciones como las importaciones. «Pobre México, tan lejos de Dios y tan cerca de los Estados Unidos» era un dicho cotidiano. «Cuando Estados Unidos estornuda, a nosotros nos da pulmonía», decían también. Para equilibrar las inversiones Díaz cortejó a Europa. Con astucia movía sus piezas de ajedrez, lo que irritaba a los Estados Unidos. Cuando los vecinos del norte lo empezaban a aconsejar sobre algún asunto, él les dejaba saber que estaba considerando vender Baja California a los japoneses…

Desde el principio Díaz supo que el mayor impedimento para el progreso era la falta de transporte. Una nación con poco contacto entre sus regiones era una nación sin cohesión. Los ferrocarriles y los puentes eran de suma importancia. Los norteamericanos y los ingleses habían competido para construir los ferrocarriles, pero los ingleses se retiraron ya que las minas y el petróleo eran sus intereses primordiales. William Randolph Hearst se apresuró a continuar la ruta de su Ferrocarril del Pacífico desde California a través de México. A comienzos del siglo XX los ferrocarriles se estaban volviendo vitales para la nación, uniendo el norte y el sur, el Golfo con el Pacífico, serpenteando por las abruptas montañas que habían separado a los mexicanos durante siglos creando un México de regiones aisladas. Durante el largo régimen del general Díaz se construyeron 19 280 kilómetros de vías. Temiendo que se convirtiera en un monopolio norteamericano, tal como había sucedido con el control de la Standard Oil sobre la línea naviera que conectaba Veracruz con Nueva Orleáns y Nueva York, Ives Limantour, astuto secretario del Tesoro de Díaz, en 1908 unió todas las compañías de ferrocarril en una con mayoría de capital mexicano. Los Ferrocarriles Nacionales Mexicanos se consideraron un gran logro de los mexicanos, que habían desarrollado un sentido de orgullo nacional y empezaban a resentir la posición ventajosa que ocupaban los extranjeros en México.

Desde tiempos virreinales, las corridas de toros habían constituido la diversión de la población; el sonido del clarín producía un efecto emocionante en la plaza, cuando salía el toro de los toriles. Los circos y las ferias con sus carruajes y ruedas de la fortuna también continuaban viajando de pueblo en pueblo. En los pequeños pueblos la fiesta del santo patrón era la máxima diversión. Los extranjeros aportaron nuevas diversiones al introducir algunos deportes. Promovieron el tenis, el ciclismo, el boxeo, las carreras de caballos, los clubes de atletismo, el futbol, el beisbol e incluso un elegante Club de Golf de dieciocho hoyos. Fanático del ejercicio, Díaz promovió los eventos deportivos y trajo la YMCA a México. Los ingleses introdujeron el juego de cricket ya desde 1827 y los mineros británicos enseñaron a sus trabajadores a jugar futbol, el origen del deporte número uno en la actualidad en México. Los trabajadores norteamericanos de los ferrocarriles enseñaron a sus colegas mexicanos a jugar beisbol, que fue muy popular sobre todo en el norte. Los norteamericanos lo habían introducido en Cuba en 1860, atrayendo a grandes multitudes y compitiendo sus equipos en los Estados Unidos. En 1895 el Club Mexicano de Béisbol venció al Club Americano, una hazaña que apareció en grandes titulares en la prensa. Surgieron muchas tiendas de deportes vendiendo zapatos de tenis, bicicletas, sillas de montar y todo tipo de equipo deportivo. Don Porfirio construyó un hipódromo muy elegante, donde podían asistir las señoras y el Jockey Club se estableció como uno de los edificios de mayor prestigio en el centro de la ciudad, en la Casa de los Azulejos (34). Había boletos gratis para muchos eventos para mantener contento al pueblo. Pero era en las corridas de toros donde se veía verdaderamente la división de clases: la plaza se dividía en las secciones de Sol y Sombra; la Sombra costaba tres veces más y además tenía cojines para sus ocupantes.

Díaz consideraba que la educación era esencial para lograr el progreso y la unidad nacional. El índice de analfabetismo era del ochenta y cinco por ciento. Justo Sierra, su inteligente ministro de Educación, dijo:

> Más de la mitad de los habitantes de la República ignoran lo que significa ser mexicano, ni ser parte de la conciencia nacional. Lo miserable de sus circunstancias, el predominio de la superstición y el alcoholismo impiden el contacto con el alma de la nación. Es indispensable, urgente y «urgentemente indispensable» modificar este estado de cosas en las próximas generaciones… Por medio de nuestras escuelas, abramos ventanas en todas partes para que entre el aire, el aire de nuestra nación, el aire de la civilización humana. No perdamos un día, no perdamos una hora en esta tarea sagrada.

La educación laica, gratuita y obligatoria convertida en ley por
Juárez, fue reforzada con el propósito de convertir a los niños blancos, mestizos e indígenas en mexicanos educados y útiles. Durante
la presidencia de Díaz se construyeron diez mil escuelas primarias
y la calidad de la educación fue muy buena en general, en algunos casos mejor que la de las escuelas particulares, la mayor parte
católicas. Se incorporó la higiene al currículo, ya que uno de cada
dos niños moría de infecciones tales como neumonía y diarrea
antes de llegar a los cinco años. Los antídotos fueron hervir el
agua, lavar las manos y usar ropa abrigadora en invierno. Algunos
extranjeros y mexicanos consideraban que los indios eran sucios,
atrasados, apáticos y sumisos. Otros se daban cuenta de que eran
apáticos porque tenían hambre y de que eran sucios porque no
tenían acceso al agua. Sacarlos de este estado constituía un reto
continuo. La primera barrera era el padre campesino. La educación
no le interesaba y sus hijos eran necesarios para ayudar a plantar, regar y cosechar la pequeña parcela de terreno familiar. Las
escuelas rurales escaseaban, estaban en lugares poco accesibles y
a menudo no tenían maestro. Las ciudades ofrecían programas de
educación para adultos, que incluían escuelas técnicas para hombres y mujeres. Carpintería, herrería y mecánica para hombres,
y mecanografía, costura, confección e incluso fotografía para las
mujeres. Los pocos que lograban tener una educación superior
—ingenieros, doctores, abogados, arquitectos— competían en
las empresas extranjeras en México, pues estas los consideraban
menos capaces que sus trabajadores extranjeros.

En la última década de su dictadura, Porfirio Díaz se dedicó a
convertir la capital en una magnífica ciudad europea. Estaba preparando la celebración del centenario del inicio de la Independencia,
que se llevaría a cabo en 1910. Arquitectos e ingenieros extranjeros
llegaron a México a competir por los proyectos gubernamentales.
El Palacio Legislativo, que se compararía al Capitolio en Washington, un teatro de la Ópera, remodelar la antigua universidad,
un nuevo manicomio, el edificio de Comunicaciones, un hemiciclo
impresionante para honrar a Benito Juárez en la Alameda Central,

un monumento a la Independencia en una de las glorietas que adornaban el Paseo de la Reforma, el sueño de Maximiliano de convertirlo en Campos Elíseos hecho realidad.

Los profesionistas mexicanos tenían que luchar para lograr el reconocimiento de sus cualidades. En algunos círculos no se les consideraba competentes a pesar de que algunos habían obtenido su título en París. Nunca se había visto una actividad tan grande desde que Cortés construyera la capital de la Nueva España. Un mexicano que visitó México después de haber vivido diez años en el extranjero opinaba: «Cuando me fui, México era una ciudad de paredes descascarilladas y hoyos que podían romper el eje de un automóvil. Ahora es una ciudad de barricadas, marquesinas gigantescas y polvo. No he podido ver los volcanes durante semanas».

Todavía había aguas estancadas en las calles, y después de una tormenta el centro de la ciudad de México parecía un pantano. Por cincuenta centavos un hombre podía pasar en su espalda a una persona al otro lado de la calle.

Díaz contrató a ingenieros norteamericanos para canalizar el agua que había todavía en los lagos y se instaló un sistema moderno de drenaje.

La transformación de la ciudad en «el París del hemisferio occidental» se estaba llevando a cabo. Viejos edificios virreinales en ruinas se derribaron y los adoquines de las calles fueron pulverizados por máquinas norteamericanas de vapor gigantescas, mientras grupos de guajolotes trataban de no ser arrollados mientras eran conducidos al mercado por las viejas calles. Esas calles habían visto transcurrir la historia; ahora los enormes rodillos de las máquinas norteamericanas de vapor construían la nueva historia con asfalto. Los automóviles tocaban el claxon ruidosamente, asustando a los caballos que tenían que ser controlados con un tirón de las riendas.

El Teatro Nacional de Santa Anna fue derribado para dejar paso a la calle 5 de Mayo. Un edificio magnífico neoclásico de mármol que sería el Teatro de la Ópera (hoy en día llamado Palacio de

Bellas Artes) y la Oficina de Correos, al estilo de un palacio veneciano, fueron obras del famoso arquitecto Adamo Boari.

Los tranvías eléctricos reemplazaron a los vehículos tirados por mulas y las calles principales tuvieron luz eléctrica.

Almacenes elegantes exhibían ropa, joyas y artículos de todo el mundo, sobre todo de Francia. Francia era la fuente de la cultura y todo lo francés estaba de moda. Los sombreros y los vestidos de París determinaron el estilo; muebles dorados adornaban las casas de los ricos y estatuas clásicas se colocaban en los edificios públicos.

La creciente clase media copiaba cada diseño. Las artesanías mexicanas no se consideraban valiosas y estaban relegadas a los mercados y a las tiendas de curiosidades. La cerámica multicolor, los animales de vidrio soplado y las pulgas vestidas dentro de una cáscara de nuez eran objetos favoritos para los turistas. En los restaurantes elegantes se podían comer platos «gourmet» y beber los vinos más finos. Los extranjeros decían como chiste: «Los franceses son dueños de las fábricas de tejidos y los almacenes elegantes, los alemanes de las farmacias y las ferreterías, los españoles de las panaderías y tiendas de abarrotes (ultramarinos), los italianos de las fundiciones y canteras de mármol, los norteamericanos y los ingleses de las fábricas, los ferrocarriles y las empresas petroleras. Los mexicanos se paran en las calles y gritan: "¡Viva México!"».

En 1903 los ministros y acreedores tocaron un tema difícil: ¿quién sucedería a Porfirio Díaz? Los inversionistas estaban nerviosos... ¿qué pasaría si muriera de repente, como Juárez? Díaz tenía 73 años. Comenzaba a haber conspiraciones para derrocarlo. Un grupo de liberales radicales en la ciudad de San Luis Potosí encabezado por los hermanos Flores Magón y por Camilo Arriaga estaba consiguiendo adeptos. Se habían descubierto periódicos clandestinos acusando a Díaz de violar los derechos de los gobiernos estatales y municipales. Decían también que la Constitución era letra muerta. A los detenidos y encarcelados algunas autoridades les aplicaban la ley de fuga: abrían la celda, obligaban a salir al prisionero y le disparaban cuando «trataba de escapar». Para disminuir el miedo de sus ministros y acreedores, Díaz restableció el puesto de vicepresidente antes de las elecciones de 1904 y extendió el periodo presidencial a seis años. La elección de 1910 coincidiría con la gran celebración del Centenario.

Porfirio Díaz se levantó a las seis de la mañana, hizo gimnasia y se dio una ducha fría, como era su costumbre. Igual que había cambiado la imagen de su país, también había cambiado la suya propia. Su piel se había vuelto más blanca y su espalda más derecha. Habiendo sido siempre un hombre apuesto era ahora la viva imagen de un aristócrata elegante. Carmelita desayunó con él en el comedor particular de su «suite» en el Castillo, su residencia de verano. Ella vestía ropa de montar y se preparaba para salir a trotar como todas las mañanas por el bosque de ahuehuetes gigantes del Parque de Chapultepec. Miró a su marido y preguntó: «¿Qué te pasa, Porfirio? Te ves pálido y preocupado». «Nada», contestó él, «estoy bien». Ella lo miró sin poder leer su expresión. Uno de sus ministros lo había descrito perfectamente: «Siempre guardando la compostura, sin sonreír, sentado recto como una tabla, sin mostrar placer o desagrado en su expresión enigmática. Es una esfinge perfecta». Ella lo quería y adoraba el papel de «doña Carmelita», la esposa perfectamente educada de ese gran hombre. Tendría que tomarle la temperatura esta noche para ver si era algo físico.

En 1908 comenzó a circular un libreto en el país. Se titulaba *La sucesión presidencial*, y examinaba cuidadosamente la situación que se presentaría si moría el presidente.

En resumen el librito decía que al desaparecer de la escena el general Porfirio Díaz habría una reacción inmediata a favor de principios democráticos, garantizando el voto a todos los ciudadanos, pues era su derecho: «[...] Esperábamos que Díaz hubiera cambiado al instituir el cargo de vicepresidente y convocar la Convención de su llamado Partido Nacionalista, pero impuso su elección para ese puesto sin escuchar las voces de la oposición [...] La Convención fue una farsa. Como su candidato impuso Díaz a Ramón Corral, mal visto e impopular, pues había vendido a los indios yakis del norte como esclavos para las plantaciones de Yucatán. Corral es el "elegido". Comprendí entonces que no podíamos esperar cambio alguno cuando desaparezca el General, porque su sucesor, impuesto a la República, será el hombre escogido por él».

El libro indicaba que para reconquistar sus derechos, los ciudadanos tal vez tendrían que recurrir a las armas.

El autor de *La sucesión presidencial* era Francisco I. Madero, un terrateniente acaudalado del estado norteño de Coahuila. Era hijo de una familia muy respetada, con conexiones importantes, que tenía inversiones en todo México. A Díaz le molestó que no fuera un rebelde pobre a quien pudiera encarcelar, aunque dos años más tarde encontró una excusa para hacerlo.

Para 1910 la Ciudad de México se había convertido en una capital de estilo europeo. Pero las sombras de los árboles temblaban en las aceras; los problemas sociales estaban al descubierto. Los huesos de Cortés rechinaban en su cripta del Hospital de Jesús cerca del Zócalo. Sus huesos se reían del soldado vuelto dictador que había propiciado que su república devolviera la tierra al viejo sistema feudal en un mundo moderno.

Puntualmente, a las 11 de la noche del 15 de septiembre de 1910, el venerable patriarca, portando la banda de la República, salió al balcón del Palacio y derecho como una tabla enfrentó a la masa humana en el Zócalo que tocaba trompetas y ondeaba banderitas mexicanas esperando «el grito». Don Porfirio tomó el cordón con firmeza e hizo sonar la campana de Dolores Hidalgo. «Viva Hidalgo», gritó. «¡Vivaaaa!», resonó el Zócalo al unísono. «¡Vivan los héroes de la Independencia!». «¡Vivaan!». «¡Viva México!». «Vivaaa», volvió a contestar la multitud. Fuegos artificiales estallaron en mil colores en el cielo nocturno. Los mariachis tocaron y cantaron para él bajo el balcón. Con lágrimas en los ojos, Díaz se retiró y se dirigió al salón de los Embajadores, donde recibió a un centenar de invitados especiales reunidos para brindar por su cumpleaños número ochenta.

Los niños se subían a los árboles y a las ventanas para ver el gran desfile. Con un redoble de tambores, la banda militar comenzó a tocar. Ola tras ola de marineros y soldados extranjeros dieron la vuelta al Zócalo y desaparecieron seguidos de los cadetes de la Academia Militar Mexicana desfilando con precisión. El aplauso fue ensordecedor cuando aparecieron los charros con sus trajes adornados con plata, maravillando también a los visitantes extranjeros. El viejo general español, marqués de Polavieja, portando la banda de Carlos III al pecho marchaba al frente de un cañón que mostraba los efectos personales de Morelos, héroe de la Independencia, capturado y ejecutado por el ejército realista en 1815, y que era devuelto ahora tras su larga estancia en la Armería de Madrid. La multitud lloraba y gritaba entusiasmada. El enviado de Francia devolvió las llaves que la Ciudad de México había dado al mariscal Forey al derrotar al ejército mexicano en 1863.

«Un profundo sentimiento de fraternidad surgió cuando el francés saludó a la bandera mexicana» (35).

La mañana del 16 de septiembre de 1910, el Gran Hombre de las Américas, vestido con su uniforme de gala, lleno de medallas, inauguró la estatua de la Independencia. En un mármol perfecto las figuras de los héroes se agrupaban alrededor de la esbelta columna. Cuatro grandes figuras femeninas de bronce en las cuatro esquinas de la base simbolizaban la Justicia, la Paz, la Guerra y la Ley. En la cima, la Victoria abría sus alas, sosteniendo una cadena rota en una mano y una corona de laurel en la otra. Todos miraban hacia el ángel flotando en el cielo, mientras un coro de niños entonaba el himno nacional.

De madrugada, la campana de la pequeña iglesia de la hacienda sonó recia y largamente llamando a los trabajadores a su reunión diaria. De pie en el arco del patio central, el administrador asignaba a los capataces sus tareas para el día: cuál campo cosechar, cuál arar, a qué prado llevar a pastar al ganado, quién iba a limpiar los establos y arreglar los caballos, entrenar a los toros, ordeñar las vacas y todas las tareas propias de una hacienda activa. Todos sabían que el patrón se había ido a la ciudad con una de sus muchas queridas. Un día sin sus castigos y hostigamientos era bienvenido. Los capataces se dispersaron para reunirse con sus peones.

Tras rezar sus oraciones matutinas y dar sus órdenes a los sirvientes, Doña Clarita salió al patio a bordar. «¿Qué estas haciendo ahora, mamá?», preguntó su hija de siete años. «Un cojín, mi hijita. Anda, vete a correr un rato». No le dijo que estaba bordando sus tristezas y sus miedos: mantenerse ocupada y escuchar el canto de sus canarios le ayudaba a aminorar sus preocupaciones. De sobra sabía de las infidelidades de su esposo y de la rudeza con que trataba a sus peones y de la «compra» de tierras de los campesinos, con lo que había logrado incorporar su pueblo a la hacienda. ¿Por qué Alfonso no podía tratarlos como don Ignacio, su vecino? Don Ignacio les proporcionaba doctor, sacerdote, alimentos, agua y piñatas para los niños en Navidad. ¡Por eso los trabajadores de Alfonso se iban a trabajar con don Ignacio y Alfonso había jurado poner en prisión a don Ignacio! «Esos peones me deben, deben dinero a la tienda de la hacienda, igual que lo harán sus hijos y sus nietos. Son deudores, no pueden escaparse de esta hacienda», gritaba enfurecido.

Doña Clarita se secó los ojos con un pañuelo que sacó de su manga.

Las únicas personas que tenían libertad de escaparse de ese pueblo miserable eran la comadrona, el horticultor que estaba plantando el nuevo huerto, el carpintero, el zapatero y los artesanos. Ellos se movían de pueblo en pueblo, pero los pobres peones casi estaban encadenados. Era un mundo injusto. Doña Clarita presentía que bajo la superficie había descontento e inquietudes, pero ella no podía hacer nada más que rezar y transformar sus miedos en flores bordadas con sus dedos temblorosos.

Dos cargueros franceses esperaban en el puerto de Veracruz para descargar. Enormes grúas y garruchas levantaban cajas de vino, cognac, champagne, cristalería, vajillas de porcelana fina, manteles, mesas y sillas, mientras los camareros y cocineros franceses paseaban por el puente.

El gran baile del Centenario en 1910 parecía una celebración real. Cincuenta mil focos iluminaban los edificios históricos del

Zócalo. Un gran anuncio emitía en luz intermitente las palabras: «Paz y Progreso». La multitud se agolpaba para ver pasar los carruajes y automóviles de los que descendían sus pasajeros a la puerta del Palacio Nacional.

Un desfile de modas para el populacho embobado.

Dando la bienvenida a los jefes de estado del mundo, don Porfirio y su joven esposa doña Carmelita, que llevaba una tiara de diamantes, saludaban con elegancia mientras introducían a sus huéspedes al área de recepción. Todos los personajes importantes de México también eran recibidos por «la pareja real», incluyendo a los barones del petróleo, arquitectos, artistas y hombres de negocios invitados para la ocasión.

Díaz no había estado nunca tan pletórico. El mundo había reconocido sus logros. Había gobernado México durante treinta y tres años alcanzando la paz, el orden y el progreso. Con la bendición de Dios, y la ayuda de una nueva legislatura de jóvenes, podía continuar así. En el balcón frente a ellos, una orquesta de treinta miembros tocaba un vals. Díaz tomó de la cintura a Carmelita y comenzó el baile…

En una esquina cercana, una multitud marchaba hacia el Zócalo gritando: «Muera Díaz», enarbolando una bandera con las palabras: «Viva Madero». ¡Porfirio Díaz no sabía que estaba bailando sobre un volcán!

Capítulo XIV

La continuación de la Revolución

Francisco Madero ha sido considerado por muchos como un David que se enfrentó a un Goliat. Era un hombre bajito pero fuerte, vital y con gran energía. Como todas las familias del norte que habían tenido que luchar contra las incursiones apaches y yaquis, los Madero eran gente de carácter recio. También eran considerados gente honesta, de mente abierta, que daban buen trato a sus peones, quienes recibían un salario justo y tenían libertad de mudarse donde quisieran. Era difícil encontrar buenos trabajadores para los ranchos del norte, porque muchos preferían cruzar a Estados Unidos, donde se les pagaba más. Francisco Madero mantenía contacto personal con sus trabajadores. A menudo se le veía con su bolsa de homeopatía visitando a algún peón enfermo, y los hijos de sus peones tenían desayuno y escuela gratuitos.

Los Madero eran del estado de Coahuila, en la frontera con Estados Unidos. Constituían un gran clan presidido por el patriarca, don Evaristo, cuya sagacidad para los negocios los había hecho ricos: minas de plata, bancos, ranchos de ganado, plantaciones de henequén en Yucatán, plantaciones de algodón en el norte, inversiones en acero, industria del cuero, viñedos y muchas inversiones a menor escala. Todo esto los había puesto en contacto con la comunidad extranjera y con los funcionarios del gobierno. Eran queridos e inspiraban confianza. Francisco era el mayor de los doce, un hombre de sonrisa pronta y a quien le gustaba bailar la polka. Había estudiado en una escuela comercial en París y agricultura en la Universidad de California. Impresionado por los logros de un estado democrático, estaba convencido de que México debería estar gobernado democráticamente y de que el pueblo debería tener igualdad de oportunidades. Díaz les había arrebatado el voto. ¡Deberían hacer oír su voz! Su librito *La sucesión presidencial*, publicado en 1909, había comenzado a desempolvar las conciencias y a hacer que su nombre se conociera en todo el país.

En la famosa entrevista con James Creelman en 1908, Díaz había expresado sus opiniones y planes a un reportero norteamericano de un modo más abierto que anteriormente a ningún periodista. Había defendido su dictadura diciendo:

> Cuando tomé la presidencia, no había un centavo en la tesorería, el país estaba endeudado fuertemente y la anarquía reinaba en el campo. ¿Cómo podía yo gobernar democráticamente si los mexicanos no son un pueblo inclinado a la democracia? Ignoran la ley y defienden sus propios derechos, pero no los de los demás. Se necesitaba un puño de hierro. Pero el propósito de mi dictadura ha sido guiar a México hacia la democracia y yo dejaré el poder en 1910.

La entrevista estaba destinada a publicarse sólo en el extranjero, pero un año después se filtró desde Estados Unidos, escapó a la censura de Díaz y apareció en grandes titulares: «Extra, Extra, Díaz declara que dimitirá en 1910». Tal vez era su intención, pero al aproximarse la elección de 1910 se encontró entre los candidatos que él mismo había puesto para que compitieran uno contra otro —los dos, hombres de gran renombre y popularidad—, así que la única solución era reelegirse.

Francisco Madero había tenido algunas entrevistas con Díaz en las que cortésmente, pero con firmeza, había expresado su posición. Pero Díaz lo había tachado de joven loco. En 1909 Madero decidió revivir el viejo partido de los antirreeleccionistas, y viajó por todas las ciudades formando clubs y nombrando dirigentes.

Se llevó a cabo una convención en 1910, donde se eligió a Madero como su candidato presidencial. De repente Díaz vio un foco rojo de peligro. Tras un discurso apasionado en Monterrey, Madero fue detenido por incitar a una rebelión y encarcelado en San Luis Potosí. Después, Texas, se escribió una proclama invitando a la nación a levantarse en armas contra el dictador el 20 de noviembre de 1910. «He hecho todo lo posible para lograr un acuerdo. Estaba dispuesto incluso a dejar mi candidatura si el general Díaz hubiera permitido a la nación, por lo menos, votar por un vicepresidente para sucederlo. Pero con su orgullo incomprensible, no escuchó los gritos de la nación y prefirió precipitar una revolución». Disfrazado de ferrocarrilero Madero escapó tomando el tren a San Antonio, Texas, donde se le unieron su hermanos y partidarios.

Qué impulsó a Madero a llamar a las armas es un tema que discuten muchos historiadores. Madero defendía el derecho a votar, no las causas sociales. ¿Tenía idea de lo que iba a provocar? Sí, México necesitaba jóvenes que comprendieran lo que era la democracia. Madero apeló a ellos. En un periódico popular, una caricatura presentaba a Díaz y su gabinete como momias sentadas en sus ataúdes. El hermano de Francisco, Julio, declaró: «Francisco es pacifista. Odia la violencia, pero odia más todavía la injusticia».

En la ciudad de Puebla, el 19 de noviembre de 1910 murió el primer mártir de la Revolución por las fuerzas federales. Aquiles Serdán ha pasado a la historia como un héroe.

La Revolución empezó sin fuerza. El 13 de febrero de 1911 Madero cruzó la frontera hacia México con un pequeño ejército de voluntarios armados. Tras algunas escaramuzas contra las fuerzas federales, Pancho Villa y Pascual Orozco se unieron a su causa. Uno era un bandido y el otro un mulero, ambos con grandes motivos de queja contra los rurales de Díaz y los grandes hacendados del norte. Villa había estado luchando contra los federales de forma independiente desde que Madero había llamado a las armas. Madero era un hombre adinerado, respetado y una familia fuerte lo respaldaba. En su primer encuentro armado había probado su valor en la batalla. ¿Qué mejor líder podían tener?

Al ver que los rebeldes del norte estaban cosechando éxitos, Emiliano Zapata se levantó en el sureño estado de Morelos. Su grito de guerra se escuchó por todo el país (36). La pequeña flama que Madero había encendido pronto se extendió como llamarada incontenible. Surgieron como reguero de pólvora levantamientos en Chihuahua, Sonora, Sinaloa, Coahuila, Durango, Tamaulipas, Guerrero, Morelos, Yucatán… Un senador dijo: «Madero ha dejado suelto al tigre…».

En su diario, un amigo de Madero, Albert Blair, escribió:

> *San Antonio, 17 de mayo de 1911.* El presidente Taft está concentrando miles de tropas norteamericanas en la frontera desde Brownsville a El Paso. Los grandes ranchos norteamericanos piden a voces a sus congresistas que los protejan. La inversión norteamericana en México es de más de mil millones de dólares, más que el capital que poseen los propios mexicanos. Un oficial del ejército del Fuerte Sam Houston me dijo que dijera a mis amigos, los hermanos Madero, que si el jaleo en México crece, con un tiro que cruce la frontera el Tío Sam acaba con su función […] Hace tres días que Pancho Villa entró a sangre y fuego a la ciudad de Torreón, Coahuila, el nudo ferroviario más importante para las plantaciones de algodón del norte y del centro. El periódico *Laredo Times* informó que fue una matanza. Parece ser que Villa mató también sin motivo a trescientos chinos, disparando a sus lavanderías, empujándolos desde las ventanas de sus bancos y sus casas de juego y llevándolos como ganado a las afueras de la ciudad. Al parecer son descendientes de los peones que trajeron de China a Estados Unidos para trabajar en el ferrocarril Union Pacific, y pasaron a México a hacer fortuna. ¡Pobres diablos! ¡Villa es un bárbaro! Pero el hecho es que tomó Torreón…
>
> *31 de marzo.* Recibí una larga carta de Raúl Madero. Está con Pancho Villa y Francisco. Me dice: «Cada día más reclutas se presentan para dar su vida por la Revolución. La mayoría es carne para los cañones federales. Aquí no hay campo

de entrenamiento, ni tiempo para entrenarlos, pero siguen llegando. Perdemos doscientos o trescientos, pero el ejército vuelve a crecer con nuevos voluntarios que desean salirse de cultivar los campos. Las tropas de Villa han estado luchando contra los federales sin cesar desde dciembre, solamente a base de frijoles aguados en su estómago y un sarape para protegerse del frío de la noche. Debes saber que Villa lleva dieciséis años escapando y «jugando» con los federales y los rurales. Francisco le ha perdonado sus crímenes y es un oficial leal, un táctico astuto y no tiene una gota de sangre de cobarde. Ahora tenemos a los Federales saltando por el aro. Perseguimos a esos sombreros azules, los atraemos sacándoles de sus guarniciones para defender y tomar las ciudades, y nosotros las tomamos después. Nos ahorramos municiones y los tenemos en constante zozobra. Estamos cabalgando como locos, atacamos, nos retiramos a las montañas, dormimos donde podemos, comemos tortillas y frijoles, nos pinchamos con las espinas de los cactus y casi nunca nos podemos bañar. ¿Estás seguro que quieres luchar en esta Revolución? (37).

Cientos de norteamericanos se unieron a la Revolución de Madero: Giuseppe Garibaldi, nieto del libertador de Italia, lideraba a un grupo de voluntarios tejanos; el estratega principal de Madero, el general Benjamin Viljoen, un veterano de la guerra de los Boer en África y recientemente un ranchero de Nuevo México entrenaba a los campesinos como comandos. El experto en dinamita de Pancho Villa era Oscar Creighton, un antiguo corredor de bolsa de Nueva York. Pero los soldados mejor entrenados eran los desertores del ejército federal.

A finales de abril, habiendo adquirido más fuerza, Madero se dirigió al norte a enfrentar a los federales en la importante Ciudad Juárez. Las azoteas de El Paso, Texas, al otro lado del río, estaban llenas de hombres de negocios que miraban con sus binoculares, señoras con faldas floreadas, sombrillas y catalejos, trabajadores mirando a través de telescopios, todos observando ávidamente la batalla de Ciudad Juárez, al otro lado del río. La batalla de Juárez fue decisiva. El 10 de mayo de 1911 se acabó. El 21 de mayo, en una mesa con los faros de un automóvil por toda luz, se firmó el acuerdo de rendición. Díaz y su vicepresidente dimitieron. Por ley, el nuevo presidente provisional, el secretario de Relaciones Exteriores, tomaría el mando hasta realizar las elecciones.

Madero y sus seguidores tomaron el tren a la Ciudad de México, donde un victorioso David que había derrotado a Goliat fue recibido por la muchedumbre con banderas y bandas de música en cada estación. Al acercarse a la ciudad se produjo un terrible terremoto; se dijo que era un presagio que indicaba el final de un viejo régimen, pero dijeron otros que era presagio de desastre. Multitudes se reunieron para darle la bienvenida, jóvenes subían a los edificios para sentarse en los alféizares, o trepaban a las estatuas para verlo mejor. Gritaban: «¡Madero y democracia!». Las campanas de las iglesias redoblaban gozosas cuando pudo atravesar la multitud y descender de su carruaje frente al Palacio Nacional.

Díaz fue derrotado por su edad y por su funesta decisión de reelegirse una vez más. Sus generales eran viejos y sus espadas estaban oxidadas. Firmó su dimisión mientras soportaba un tremendo dolor de muelas.

Con su generosidad innata, Madero dio una escolta armada a Díaz para llevarlo a Veracruz, desde donde navegó a Francia y hacia el exilio. Lo acompañaban muchos de sus ministros y partidarios de élite, que prefirieron el exilio antes que vivir bajo el régimen de la Revolución. En Veracruz se cubrió de flores el camino de Díaz y las notas de *Las golondrinas*, el canto de adiós mexicano, llenó de lágrimas los ojos del general mientras se embarcaba en el barco *Ypiranga* rumbo a Francia.

Díaz murió en París en 1915. La primera guerra mundial ya había comenzado y las sangrientas consecuencias de la revolución de Madero destrozarían en mil pedazos el país y todo lo que Díaz había establecido. A pesar de haber solicitado varias veces a Francia los restos de don Porfirio, nunca han sido regresados a México. Se puede ver su tumba en el cementerio de Montparnasse, en París.

Dos hombres de Oaxaca dedicaron su vida a la integración de México. Uno salvó la república; el otro unió a los liberales y conservadores, logrando así la paz y el progreso. En los libros de historia oficial, Benito Juárez es presentado como héroe y Porfirio Díaz como villano. Ambos se aferraron al poder. Uno fue fiel y leal a la ley, pero con poderes extraordinarios más allá de la Constitución; el otro a veces ignoró la ley, a veces la respetó y otras la moldeó, según sus intereses. Ambos estaban convencidos de actuar para el interés del país. De cualquier modo que sean juzgados, estos dos personajes de Oaxaca son gigantes en la historia de México.

La presidencia de Madero duró solamente quince meses. Se dice que era ingenuo, idealista, confiado y que creía básicamente en la bondad del ser humano. Esperó a ser elegido legalmente y ganó la elección abrumadoramente. El presidente interino, Francisco León de la Barra, había estado en el poder seis meses. Como porfirista, De la Barra consideraba la revolución de Madero como «un estallido de pasión que había que controlar». De la Barra se consideraba un disciplinador en medio del caos. Durante los seis meses en su cargo saboteó los esfuerzos de Madero para lograr acuerdos, especialmente en uno de los mayores problemas: la reforma agraria. Zapata no había depuesto las armas y exigía el inmediato regreso de las tierras ancestrales usurpadas por los algunos hacendados pudientes. Madero insistía en hacerlo en un marco legal y le pidió paciencia. Las matanzas, los saqueos y la destrucción de las haciendas en Morelos habían dejado heridas muy difíciles de curar. La mejor manera de llegar a un acuerdo era hablar con Zapata en persona.

Zapata arregló un encuentro con Madero en la ciudad de Cuautla, cerca de Cuernavaca, territorio zapatista, en una actitud conciliadora. Sin el conocimiento de Madero, De la Barra ordenó al ejército federal entrar a la ciudad y comenzar una campaña violenta contra los zapatistas. Zapata, naturalmente, desconfió de Madero y canceló la reunión. Entonces hizo una proclama llamando a su pueblo a tomar la tierra por la fuerza.

Durante años continuarían estas acciones: luchar contra los federales, saquear y quemar haciendas y matar a los hacendados y sus familias.

Madero garantizaba la libertad de la prensa, permitía el crecimiento de los sindicatos y su derecho a la huelga, instituyó el desayuno gratuito en las escuelas y construyó más escuelas. Madero decía: «Un buen gobierno puede existir sólo cuando haya buenos ciudadanos». Un individuo franco y honesto, cuya muerte se debió precisamente a su confianza en el pueblo, a conservar a muchos porfiristas en el Congreso y a dejar el ejército en manos de uno de los generales de Díaz.

¿No era el trabajo del ejército federal servir a la nación y obedecer a su comandante en jefe? ¡Él era ahora el comandante en jefe! Sus amigos cercanos y sus partidarios, e incluso su hermano Gustavo, que era muy astuto, le advirtieron que debería deshacerse de todos los hombres de Díaz, especialmente de los generales. De la Barra había desarmado y licenciado a las fuerzas revolucionarias de Madero, conservando solamente unos cuantos expertos, a quienes los federales llamaban *bandidos*.

El 9 de febrero de 1913 una conspiración permitió escapar de la cárcel a uno de los máximos generales de Díaz y exgobernador de Nuevo León, Bernardo Reyes, y así comenzó lo que ha sido llamada la Decena Trágica. Madero había logrado controlar ya tres rebeliones, pero esta iba a tener lugar en la ciudad capital.

Reyes y sus partidarios marcharon por la ciudad y cruzaron el Zócalo hasta las puertas del Palacio para tratar de tomarlo, pero fueron abatidos a tiros. Hubo disparos en todas direcciones, que mataron a ciudadanos inocentes. Poco después se presentó un levantamiento en los cuarteles.

¡Estaban disparando en las calles! Félix Díaz, un sobrino de don Porfirio, que también se había escapado de la cárcel, había tomado la ciudadela, el almacén de armas. Madero envió al general Victoriano Huerta para acabar con la rebelión. Pero el fuego aumentaba y los cuerpos se apilaban, eran rociados con queroseno e incinerados. Un olor espantoso se esparció por la ciudad... Todo estaba preparado cuidosamente para capturar a Madero en el Palacio y encarcelarlo.

No existe en toda la historia de México un personaje más despreciable que el general Victoriano Huerta. En un discurso muy emotivo juró lealtad a Madero, mientras estaba conspirando para derrocarlo. El día antes del ataque de Reyes, el hermano y consejero de Madero, Gustavo, fue engañado por Huerta, encarcelado y asesinado de una manera bárbara: soldados borrachos lo torturaron, lo mutilaron y después lo dispararon. Su ojo postizo, como una canica, rodaba entre los soldados borrachos.

Otro opositor traicionero fue el embajador de los Estados Unidos, Henry Lane Wilson. Un hombre arrogante que consideraba a Madero inepto, loco, y un presidente que iba a ser una amenaza a las propiedades norteamericanas y a las empresas comerciales. Wilson se volvió un enemigo rabioso e irracional del gobierno ante el que estaba acreditado. Entre sus acusaciones estaba el que Madero no escuchaba sus consejos. Huerta se entrevistó con él y Wilson le prometió el reconocimiento inmediato si derrocaba a Madero. Wilson también había estado enviando informes alarmantes al presidente Taft sobre la ingobernabilidad del país, aunque la rebelión era solamente local. El embajador informó a la prensa que Taft ordenaría una intervención militar en México si Madero continuaba con sus acciones irresponsables.

Estando Madero prisionero en el Palacio, el cuerpo diplomático y la familia Madero acudieron a Wilson para que usara su influencia con Huerta y asegurara la seguridad del presidente. ¡La respuesta de Wilson fue que no se podía inmiscuir en los asuntos internos del país!

Madero y su vicepresidente, José María Pino Suárez, fueron sacados de Palacio en automóviles separados y llevados a la penitenciaría de Lecumberri, donde «aparentemente» fueron emboscados por fuerzas que trataban de rescatarlos y, en la confusión, murieron accidentalmente. Wilson telegrafió al presidente Taft que la explicación era satisfactoria y aconsejó al cónsul norteamericano en México aceptarla y presentarse al nuevo gobierno.

Años más tarde, el hombre que había matado a Madero, un oficial militar, confesó el asesinato.

Antes de sacarlo del Palacio, Huerta había obligado a Madero a dimitir como presidente a cambio del perdón para él y su familia. Convencido de que su familia estaba en peligro, Madero firmó.

Con la dimisión en su mano, Huerta se presentó a un Congreso favorable, que en vista de la dimisión del presidente, nombró presidente interino a Pedro Lascuráin, secretario de Relaciones Exteriores. Su nombre está registrado en la lista de presidentes de México aunque solamente estuvo en ese puesto cuarenta y cinco minutos. Por un acuerdo previo con Huerta, nombró a este secretario de Relaciones Exteriores, firmó su propia dimisión como presidente interino y dejó el puesto libre para Huerta. ¡La farsa se ejecutó rápida, correcta y muy legalmente…!

El general Victoriano Huerta fue aclamado por los viejos porfiristas, la élite y los latifundistas, como un héroe y como el nuevo presidente de México.

El embajador Wilson no pudo cumplir la promesa del reconocimiento inmediato por parte de los Estados Unidos. Taft no creyó la historia de la muerte accidental de Madero y dos meses después, el presidente electo, Woodrow Wilson, amigo de Madero, rechazó tajantemente reconocer al gobierno de Huerta como legítimo.

Así se preparó el escenario para la avalancha de protestas que condujeron a la continuación de la Revolución y que costó la vida a un millón de mexicanos durante los siguientes siete años…

Capítulo XV

Un Estado firme

18 de febrero de 1913. El gobernador de Coahuila Venustiano Carranza leyó el telegrama con gran enojo. Lo enviaba Victoriano Huerta, informando a todos los gobernadores que con la aprobación del Senado era ahora el presidente provisional de México.

¡Usurpador! ¡Traidor! Carranza llamó a una reunión de emergencia a la legislatura estatal de Coahuila y obtuvo un mandato para repudiar la legalidad de la presidencia de Huerta, ya que la Constitución no daba al Senado el derecho a designar al presidente de la nación. Carranza contactó inmediatamente a otros gobernadores y líderes del norte, muchos amigos de Madero, quien todavía estaba en el Palacio. Cuatro días después la noticia de la muerte «accidental» de Madero añadió otra palabra más a su discurso contra Huerta: ¡asesino!

La única solución contra esta situación intolerable era levantarse en armas para expulsar al usurpador. ¡La legalidad debía ser restaurada! ¡La muerte de Madero tenía que ser vengada!

Alto, derecho, digno, con una barba blanca bien peinada, Carranza proyectaba confianza y autoridad. Mandó llamar a los pequeños grupos armados de Coahuila, guardianes profesionales de la seguridad pública, y a las tropas armadas que protegían el área rural. Otros se unieron a sus fuerzas armadas, naciendo así el Ejército Constitucionalista.

Carranza no era un general, sino un hombre adinerado y un político, por lo que se declaró primer jefe del Ejército Constitucionalista, en recuerdo de Iturbide, primer jefe del Ejército Trigarante. Pronto su ejército comenzó a aumentar. En Chihuahua, Pancho Villa le dio su apoyo. Enfurecido por la muerte de Madero, Villa reclutó a mineros, rancheros, ferrocarrileros, bandidos y campesinos que habían soportado durante siglos la tiranía y las injusticias de los ricos. Entró en las cantinas y los barrios de las ciudades de la frontera, donde siempre había peleas. Ya sea que lucharan con los federales o los constitucionalistas, no importaba mucho. Lo que importaba era pelear como *modus vivendi* para conseguir el botín. La vida era barata. La población del norte estaba compuesta desde trabajadores casi analfabetas hasta hombres educados y emprendedores.

La respuesta a la llamada de Carranza para unirse a su ejército fue inmediata. Su causa, expulsar a Huerta y vengar la muerte de Madero, atraía también a muchos civiles de la clase media. Su general más valioso era Álvaro Obregón, del sur de Sonora. Era un ranchero y pequeño empresario que había estado del lado de Madero. Era inteligente, carismático y llegó a ser un estratega militar sobresaliente. Compartía con pasión las ideas de Carranza. Obregón logró formar un ejército en el noroeste y Pancho Villa en el norte. En el sur, Emiliano Zapata nunca había depuesto las armas. Su grito de guerra animaba a destruir las haciendas y recuperar las tierras ancestrales indígenas. También él se unió a la causa de Carranza.

Huerta había sido comandante general del presidente Díaz y era admirado por sus tropas, por su rudeza, astucia y habilidad. Tenía el respaldo de los porfiristas acaudalados y de algunos miembros de la Iglesia católica.

Carranza sabía que para que triunfaran su causa y su liderazgo tenía que derrotar y desbandar a los federales, algo que Madero no había hecho. Los constitucionalistas tendrían que luchar contra los federales hasta llegar a la Ciudad de México.

La poderosa División del Norte de Villa pronto tomó todos los ferroca-
rriles. Sus tropas viajando en trenes seguían su marcha... las locomo-
toras exhalando humo... vagones de carbón... vagones de equipaje...
Encima, soldados con sus pies colgando a los lados de los vagones abra-
zando a sus mujeres bajo el ardiente sol, soldaderas que encenderían un
fuego en cualquier paraje desolado, les darían de comer, los cuidarían y
dispararían un rifle tan bien como su hombre... Los «pullmans» aba-
rrotados con los más afortunados, los oficiales, un conjunto de caras
morenas. Los jinetes cabalgaban a un lado del tren, la guardia de élite
de Villa, sus "dorados" vistiendo su camisa amarilla y sombreros texa-
nos, más temibles que el mismo Satanás.

Los vagones de plataforma llenos de cañones... vagones de carga
llenos de municiones y de armas: Howitzer, Louis y Maxim, Winches-
ter... Carros-hospital con olor a yodo y personal médico sin experiencia
para atender a los heridos día y noche. Vagones de ganado pasaban car-
gados de alimento para los animales, vagones y más vagones de carga
llenos de algodón, miles de pacas de algodón, botín para el mercado de
la Ciudad de México. Por último el vagón de cola, con sus cortinillas
floreadas flotando en el viento por la ventana, intento «hogareño» de
la última «esposa» de Pancho Villa (38).

Arrasar y saquear ciudades, violar, tomar el botín y robar las iglesias se convirtió en el método de los revolucionarios en su camino
hacia el sur. Solamente el general Álvaro Obregón del Ejército
del Noroeste se oponía a estas acciones. Se le conocía como disciplinado, un hombre de buen criterio, querido por sus hombres.
Carranza deseaba que Obregón entrara primero en la capital, paci-
ficara a los ciudadanos y preparara el camino para su entrada más
adelante.

En el Palacio Nacional en la Ciudad de México Huerta estu-
diaba su posición; el presidente Taft no había reconocido a su go-
bierno como le había prometido el embajador Henry Lane Wilson.
Ahora, otro Wilson, con aspecto de profesor, era el presidente en
Washington y había impuesto un embargo a la entrega de armas a
Huerta. Woodrow Wilson había hecho un pacto con Villa: armas

a cambio de no dañar las propiedades ni los intereses norteamericanos. Huerta entonces decidió negociar con los alemanes. Ese país estaba repleto de armas, preparándose para la guerra. Huerta había disuelto el Congreso y encarcelado a los senadores, por lo que solamente necesitaba firmar su propio nombre en un contrato de armas con Alemania, para hacerlo legítimo. ¡Pero el plan de Huerta llegó a oídos del presidente Wilson, que no permitiría que se armara al usurpador! Para evitar que los barcos alemanes entraran en Veracruz, el 21 de abril de 1914 Wilson ordenó el bloqueo del puerto por la marina de los Estados Unidos. Los marines norteamericanos tomaron la ciudad. En la batalla mataron a algunos civiles y a algunos jóvenes cadetes de la Escuela Naval que trataron de defender la ciudad. ¡Era una violación a los derechos de un Estado soberano! Los defensores de Huerta bombardearon la prensa: los barones del petróleo en Tampico, Hearst en California, y los ganaderos norteamericanos de la frontera publicaban artículos contra la destrucción que estaban causando los constitucionalistas.

Los inversionistas de Estados Unidos y Europa consideraban a Huerta como una vuelta al *statu quo* que les había beneficiado tanto bajo Porfirio Díaz. También parte de la clase adinerada y de la Iglesia de México opinaban así. Pensaban que sólo Huerta podía estabilizar el país y solicitaron al presidente Wilson que levantara el embargo de armas. Wilson se mantuvo firme. Insistió en que un gobierno institucional ayudaría mejor a las relaciones méxico-norteamericanas que un gobierno militar. Irónicamente, se supo después que los barcos de Alemania pudieron navegar por la costa y entregar armas a Huerta. No le sirvieron de nada, pues tras un año y medio tratando de consolidar su posición, Huerta comprendió que estaba acabado. Fue víctima de las promesas incumplidas de un Wilson, el embajador, y perseguido por otro, el presidente.

Woodrow Wilson había convencido a Francia y a Inglaterra de revocar un gran préstamo que habían prometido al gobierno de Huerta.

El presidente Wilson envió su apoyo a Carranza. Huerta estaba atrapado. Zapatistas al sur, constitucionalistas avanzando rápidamente y los norteamericanos en Veracruz. Eligió el exilio, dejando a su secretario de Relaciones Exteriores como presidente interino. En secreto, Huerta salió para el puerto de Coatzacoalcos, donde se embarcó para Europa; desde allí a Nueva York y a El Paso, Texas, desde donde esperaba infiltrarse en México y reunir un ejército. Enfermo, con el hígado destruido por el alcohol, Huerta fue apresado y encarcelado en Fort Bliss, y un año más tarde moría oficialmente de cirrosis, aunque algunos historiadores sugieren que fue envenenado por los maderistas.

Pancho Villa y Álvaro Obregón se apresuraron a ir la capital, sosteniendo sangrientas batallas en el camino. Decidido a no dejar entrar a Villa en la capital antes que él, Carranza cortó el suministro de carbón para sus locomotoras, dejando el camino libre para que Obregón entrara en su nombre. El 15 de agosto de 1914 Obregón llegó cabalgando a la cabeza del Ejército Constitucionalista. Las campanas de las iglesias no tocaron, ni hubo fuegos artificiales ni gritos de «viva». Entraron en silencio, observados por ojos desconfiados. La ciudadanía cautelosa veía cómo la Revolución había logrado lo impensable: ¡tomar y ocupar la capital! El primer acto de Obregón fue salir al balcón del Palacio y dirigirse a la multitud inquieta que llenaba el Zócalo. «No habrá saqueo. El Primer Mandatario del Ejército Constitucionalista llegará pronto para restablecer la paz y el orden y devolver la legalidad a la nación», dijo. Su segundo acto fue juntar a ciento ochenta sacerdotes que habían venido a la capital escapando de la Revolución, mantenerlos como rehenes en el Palacio y pedir quinientos mil pesos a la Iglesia por su libertad.

La entrada de Carranza a la capital fue triunfal, siendo recibido con flores y banderas. Se firmó el acuerdo de paz y la rendición del ejército federal. Al no poder afrontar la situación tan difícil y complicada, el presidente interino simplemente abandonó el país. ¡La Revolución había terminado! ¡Y México estaba sin presidente!

Los ejércitos de Villa y Zapata llegaron después cabalgando por la ciudad, atemorizando a todo el mundo. Los zapatistas se dispersaron por la ciudad buscando comida, más humildes que los villistas, y llevando el estandarte de la Virgen de Guadalupe. Villa se apoderó, por la fuerza y a su antojo, de las mansiones para utilizarlas como cuarteles de sus generales y sus hombres. Como establo temporal para su caballería de élite eligió el Palacio de Bellas Artes, aún sin terminar, y siguiendo su ejemplo, el hermano de Zapata tomó la parte trasera del Palacio Nacional, abandonado por el último presidente interino, como cuartel para sus hombres y establos para sus caballos.

De repente, Carranza, Obregón, Villa y Zapata se miraron. ¡El puesto de presidente estaba vacío! ¿Quién era el legítimo heredero a la presidencia? Ya se habían presentado dificultades entre ellos. Villa no se fiaba de Carranza y lo llamaba don Venus, el perfumado, cuyo uniforme y barba blanca bien peinada siempre lucían impecables. Lo consideraba taimado y decía que todo el mundo sabía que llevaba anteojos oscuros para que la luz iluminara la cara de su visitante mientras la suya permanecía en la sombra. Él, Pancho Villa, había ganado esta Revolución. Tal vez debería sentarse en la silla presidencial.

Cuando se le preguntó por sus ambiciones presidencialistas, con una sonrisa, Villa dijo: «Este rancho es demasiado grande para mí».

Zapata no tenía ambiciones políticas, sólo quería derrotar a los terratenientes poseedores de las tierras comunales. Para él la tierra era la vida, y «mi tierra» sinónimo de «mi hogar», lo único por lo que valía la pena pelear. Obregón continuaría apoyando a Carranza mientras este llevara a cabo sus intenciones de formar un gobierno constituido legalmente.

Carranza citó a una convención en la que estarían representadas todas las facciones para elegir a un presidente interino. Tras una acalorada discusión se escogió la ciudad de Aguascalientes como sede neutral. Carranza no pudo acallar el desacuerdo y no asistió a la convención, por lo que no fue elegido presidente interino.

El presidente electo fue Eulalio Gutiérrez, un general que no representaba a ninguna facción en particular. Villa y Zapata se salieron de la convención y convocaron la suya propia. Carranza convocó otra convención de sus seguidores, que restauraron su mando... La Revolución se fracturaba. Villa y Zapata rompieron con Carranza. Surgió el desorden y desde noviembre de 1914 a octubre de 1915 se nombraron tres presidentes interinos por los convencionalistas de las distintas facciones. Surgieron luchas entre facciones, y quien dominaba la capital se quedaba temporalmente a cargo del gobierno.

Al igual que Benito Juárez, Carranza repentinamente decidió mudar su cuartel general a Veracruz. De todos los líderes revolucionarios, era el más apropiado para gobernar y exigir el respeto a la autoridad. Sabía que sólo él podía imponer la paz. En Veracruz rápidamente negoció un acuerdo con Woodrow Wilson para que sacara su armada del puerto más importante de México. El 23 de noviembre de 1914 los barcos norteamericanos levaron anclas. Durante un año Carranza formuló y promulgó una serie de reformas necesarias mientras se libraban batallas feroces entre las facciones en la meseta.

El año 1915 los ciudadanos de la capital sufrieron los saqueos y destrozos de las luchas internas. El peor estrago fue el hambre. En sus hogares la gente sacudía los contenedores de arroz, frijol, harina, azúcar, maíz, botes de leche... todos estaban vacíos. Peleaban con los perros en las calles entre los cubos de la basura. Un sentimiento de rabia empezó a crecer contra los revolucionarios que habían detenido los vagones y camiones de aprovisionamiento, confiscando sus cargas mientras libraban sus sangrientas batallas. El pueblo hambriento demostraba en vano su rabia contra las fuerzas revolucionarias cambiantes que llegaban a la capital, tomando posesión de ella, imponiendo sus reglas y su dinero, anulando la autoridad y los billetes de la facción previa.

Las cortinas de hierro se cerraban furiosamente cuando los comerciantes y tenderos rechazaban el papel moneda sin valor.

El hambre, como un torniquete, se había incrustado en toda la población, menos en los quinientos generales que parecía haber producido la Revolución.

Bandas de soldados pululaban por la ciudad, entrando en las casas y negocios para robar lo que se les antojara y arrancando lo que fuera de madera para utilizarlo como combustible. Los generales paseaban por las calles a bordo de Daimlers, Italas, Cadillacs, Mercedes, Renaults, Hudsons, chocando contra todo lo que se les ponía delante. En los bares, las balas acompañaban los versos cantados de *La cucaracha*. Pancho Villa raptó a una joven francesa muy hermosa y creó un incidente internacional entre Francia y México.

¡Se excusó diciendo que no sabía que era francesa!:

En un ranchito en el campo, una joven tiró de la falda de su abuela. «Oigo caballos», dijo en voz baja. Su abuela continuó estoicamente moviendo la olla de hierbas y unos pocos frijoles. Todos eran igual, pensó, carrancistas, zapatistas, villistas... habían venido tres veces llevándose a sus hijos, disparando a su marido por negarse a ir con ellos, llevándose la mula, el cerdo, sus pollos... y finalmente a su hija, que se había ido gritando. «Todavía tengo un pollito», dijo la anciana, «átale el pico y las patas y escóndelo en los arbustos». Miró a su nieta más joven que apenas tenía doce años y le dijo: «He cavado un hoyo en el granero. Métete en él y acuéstate. Pondré una plancha de madera encima y la cubriré con paja... no te preocupes, le he hecho algunos agujeros para poder respirar». El sonido de los caballos se oía más cerca...

Todavía un constitucionalista leal, Obregón, se dispuso a derrotar a Villa, el invencible Centauro del Norte. En una de las más sangrientas batallas de la Revolución, Obregón y Villa se enfrentaron en Zacatecas. Estando al tanto de las tácticas modernas de la guerra actual en Europa, Obregón puso alambradas y cavó trincheras, lo que mutiló a la caballería de Villa cuando atacó de frente y con una intensidad brutal. Montones de caballos muertos de la orgullosa División del Norte frenaron el avance de Villa hasta que se vio obligado a retirarse. Más tarde, en la batalla de Celaya, Obregón perdió su brazo: la venganza de Pancho Villa. Obregón había obtenido un biplano y su piloto mexicano lanzó las primeras bombas en la historia de México desde un avión en la batalla de Zacatecas, y siguió el bombardeo a Villa en Celaya. Batalla tras batalla, Obregón empujó a Villa hacia el norte hasta que, totalmente debilitado, se rindió en Chihuahua y depuso sus armas.

Carranza volvió a la Ciudad de México en agosto de 1915, enfrentándose a una huelga general y a una población hambrienta y furiosa. Mudó su cuartel general a la Villa de Guadalupe, fuera del tumulto, y empezó a poner en práctica el plan que había formulado en Veracruz. En 1916 invitó a todos los estados a participar en una Convención Constitucionalista, ya que la Constitución de 1857 no cubría las necesidades de 1916.

Sobreponiéndose a las sospechas de que Carranza estaba negociando con los alemanes, que estaban ahora en guerra contra Francia e Inglaterra, en 1915 Woodrow Wilson había puesto un embargo sobre las armas que se vendían a Villa y había reconocido a Carranza como el legítimo presidente Interino, hasta que se llevaran a cabo las nuevas elecciones. El famoso libro *El telegrama Zimmerman*, de Bárbara Tuchman, describe las maniobras de Alemania para que Carranza provocara a Estados Unidos a intervenir en México para proteger sus inversiones, principalmente el petróleo. «Intervención» significaría tropas; tropas en México significaría desviar la atención de los Estados Unidos hacia Alemania. Zimmerman era el ministro general alemán en México, y cuando el famoso telegrama fue interceptado y descifrado avivó sentimientos antialemanes en Estados Unidos.

México sufría un estancamiento económico, el comercio con sus inversionistas europeos estaba parado por la guerra en Europa y gran parte de su comercio en la frontera era intervenido por las tropas irregulares. En 1916, para vengarse de los Estados Unidos, que le había retirado su apoyo, Pancho Villa invadió Columbus, en Nuevo México, disparando a todo y a todos, matando a norteamericanos. Carranza no tuvo más remedio que dejar entrar al general Pershing a realizar una «expedición» de castigo para detener y encarcelar a Pancho Villa. Un año después, el general Pershing tuvo que regresar a su país sin haber podido encontrar a su escurridiza presa, diciendo al partir: «Villa está en todas partes y en ninguna».

En 1917 se llevó a cabo Congreso Constituyente en Querétaro. Los villistas y los zapatistas derrotados no fueron admitidos, pero concurrió un número representativo de delegados de todos los estados.

La nueva Constitución abordaba todas las demandas que habían dado lugar a la Revolución: económicas, sociales y políticas. Los artículos más importantes eran el 27, que otorgaba a la nación jurisdicción sobre todo su suelo y subsuelo; el artículo 123, que se refería a las relaciones laborales; el artículo 3, que trataba de la educación, y el 130 que definía la relación Estado-Iglesia. Los delegados fueron testigos de la creación de un nuevo Estado, que cimentaría la reforma durante un largo proceso.

Carranza fue elegido presidente para el periodo 1917-1920. Era más una figura patriarcal que política, pero aceptó su papel de presidente constitucionalista con una fe inquebrantable en la ley. Sin embargo la realidad lo obligó a tomar medidas difíciles. Su permanencia en el poder estuvo plagada de levantamientos, hambre, epidemias y huelgas. No estaba a tono con la nueva ideología promulgada por la Constitución, especialmente con los radicales que defendían los derechos de los trabajadores. No comprendía que las nuevas generaciones tocaran a las puertas del gobierno.

Durante su presidencia cometió grandes errores: cada caudillo esperaba recibir una recompensa por su participación en la Revolución y Carranza les dejó gobernar a su antojo. Permitió la corrupción entre sus administradores. Los años que había servido bajo Díaz le habían inspirado una actitud de «enfrentar a un contrario contra otro». También llegó a ejercer su poder y autoridad de manera cruel. En 1919 ordenó a su más temible general, Pablo González, que acabara con Zapata. Los zapatistas se habían retirado y dividido en varias bandas, hostigados y perseguidos por los carrancistas. Zapata había logrado eludir su captura durante años, pero en un acto de traición bien planeado fue capturado y acribillado.

Carranza cometió su mayor error al acercarse las elecciones de 1920. Ignorando el clamor de la mayoría que apoyaba la candidatura del general Álvaro Obregón, victorioso, popular y carismático, Carranza le dio la espalda y escogió a un títere desconocido, el embajador en Washington. Declaró: «La Revolución no es el premio para los generales, necesitamos un civil que respete y haga respetar la ley». Los obregonistas protestaron fuertemente, y para aumentar sus problemas el gobernador de Sonora le acuso de inmiscuirse en los asuntos estatales. La respuesta de Carranza fue enviar un ejército al norte y decretar la desaparición de todas las oficinas de gobierno locales. Sucedió lo inevitable: un levantamiento armado en Sonora. En un corto lapso se produjeron rebeliones por todo el país, a cuyo frente estaban los caudillos decepcionados que no habían recibido su premio. Tras un mes de revueltas, Carranza se encontró solo y su sueño de controlar la presidencia terminó. Su carácter pragmático le aconsejó dejar la capital y mudar su gobierno otra vez a Veracruz, donde podría evaluar su situación, como había hecho Benito Juárez.

Llevando consigo el tesoro nacional, Carranza abordó un tren hacia el sureste, pero traicionado por sus antiguos amigos, el viaje fue muy corto. Bandas armadas emboscaron el tren y Carranza logró escapar por las montañas de Puebla acompañado por algunos partidarios, entre ellos el general Rodolfo Herrera. Después de varios días de lluvia, hambre y calor, Carranza y su grupo llegaron al pueblo de Tlaxcalantongo. Cansado y resignado a ser capturado aceptó la hospitalidad de un campesino y se echó a dormir en un petate bajo un techo de paja encomendando su alma a Dios. En la madrugada del 21 de mayo de 1920 Carranza fue asesinado por un soldado a las órdenes del general Rodolfo Herrera, quien declaró que Carranza se había suicidado.

Cientos de libros se han escrito sobre la Revolución mexicana. Un millón de mexicanos murieron. El país que había dejado

Porfirio Díaz en una situación estable, quedó destruido. Pueblos, haciendas y ciudades en ruinas, desplazando al pueblo de su tierra y su hogar. Las cicatrices de la Revolución permanecieron en el alma de generaciones venideras. Considerada como una revolución agraria y no política como la bolchevique, duró diez años (de 1910 a 1920). Comenzada por Madero, cuyo lema era «Sufragio efectivo, no reelección», después de su trágica muerte se convirtió en lucha agraria para Zapata, y una razón legítima para expulsar a Huerta para los constitucionalistas y reinstaurar un gobierno elegido legalmente. Pero la Revolución nunca se amalgamó verdaderamente. Los soldados eran leales a sus caciques, que en realidad defendían sus propios intereses. Tras la derrota de Huerta, la Revolución se partió en tres facciones que dirimieron una guerra civil durante casi tres años.

La historia muestra que es imposible parar una revolución; debe seguir su curso.

En México, con la elección de Carranza debería haber terminado la Revolución, pero los residuos de venganza, resentimiento, inconformidad y deseo de poder todavía estaban latentes. No hubo un verdadero vencedor. Madero, Carranza, Zapata, Villa e incluso Obregón fueron asesinados. A pesar del baño de sangre surgió un nuevo espíritu de nación. La Constitución de 1917 garantizaba la soberanía nacional sobre el suelo, el subsuelo y los recursos naturales, trataba de la reforma agraria, la educación y los derechos de los trabajadores.

Cimentar un nuevo Estado firme, democrático y bien establecido bajo las nuevas leyes iba a ser el reto para el futuro.

Capítulo XVI

«Presidentes imperiales»

Mientras Carranza huía, un ejército revolucionario tomaba la capital e instauraba un presidente interino: Adolfo de la Huerta, un colaborador cercano a Obregón. Afortunadamente para Obregón, que pronto fue elegido legalmente por el Congreso, De la Huerta había concentrado su esfuerzo en establecer la paz en la nación destruida, dejando un camino más fácil hacia el Palacio Nacional para Obregón cuando tomó el poder a fines de 1920. El periodo presidencial se había limitado a cuatro años, sin reelección.

Álvaro Obregón era práctico, autoritario y un hombre de acción. Como secretario de Guerra de Carranza había instituido una escuela médica para los militares, un departamento de aviación y una fábrica de municiones. Era lo suficientemente inteligente como para saber que sus méritos militares no igualaban a sus responsabilidades administrativas.

Los acaudalados conservadores, algunos jerarcas de la Iglesia y los Estados Unidos lo consideraban un radical. Sin hacer caso de sus críticas, sintió que su primer deber era atacar el problema social, todavía sin resolver. La educación era primordial. Muchos intelectuales y profesionistas que se habían ido al exilio comenzaron a regresar a México. Entre ellos estaba José Vasconcelos. Obregón lo nombró secretario de Educación. Jamás en la historia había dedicado un gobierno tantos fondos a la educación. Veinte por ciento del presupuesto federal fue designado para alfabetizar a la población menos favorecida, pues el analfabetismo superaba el ochenta y cinco por ciento.

Vasconcelos era un escritor y un filósofo, una persona educada que había sido profesor en universidades de Estados Unidos y de Europa. Organizó una cruzada moderna: un equipo de maestros-misioneros que llegaron hasta las regiones más remotas para construir escuelas y entrenar a los maestros. Si se enseñaba a las personas a leer tendrían que tener libros…

Cuando era un muchacho, Vasconcelos había vivido en una ciudad fronteriza y había cruzado diariamente en el puente para asistir a la escuela norteamericana del otro lado. Leyó casi la totalidad de los libros que había en la biblioteca de la pequeña escuela. Cada escuela que Vasconcelos abría en México tenía una biblioteca. Su tesis era: «Un libro es una escuela portátil».

El primer gran impulso para crear la industria editorial había sido lanzado.

Con el mismo entusiasmo Vasconcelos inició una renovación cultural. Se unió a un grupo de intelectuales para formar el Ateneo de la Juventud, una sociedad literaria para los jóvenes. Tras diez años de Revolución, los escritores y poetas jóvenes estaban ansiosos por entrar al mundo moderno y expresar nuevas ideas. México estaba atrasado veinticinco años con respecto a Europa y los Estados Unidos.

A petición del pintor Diego Rivera, Vasconcelos se reunió con un grupo de pintores, entre los que sobresalían José Clemente Orozco, Fermín Revueltas, Roberto Montenegro y David Alfaro Siqueiros, y les ofreció los muros de viejos edificios gubernamentales para que pintaran y se expresaran. Los vetustos edificios virreinales del centro de la ciudad comenzaron a vibrar con el color con el que los pintores pintaban su propio «evangelio» sobre la Revolución. El nombre de Lenin surgía con fuerza en los encabezados de los periódicos acerca de una nueva revolución, y gorros de piel comenzaron a aparecer en el campus de la universidad. Diego Rivera se declaró comunista y se hizo miembro del partido.

Antonio Rivas Mercado, Director de San Carlos, la escuela de Artes y Arquitectura, que había sido responsable de una beca a Diego Rivera para estudiar en París cuando era joven, alzó su mirada al mural que estaba pintando Diego en el techo de la Escuela Preparatoria. Mujeres excesivamente pesadas, desproporcionadas, miraban hacia abajo desde varios ángulos. Una rubia voluptuosa en la curva de la bóveda hizo que el profesor se parara asombrado. Diego le gritó desde el andamio: «Esta representa la sabiduría. ¿Qué le parece maestro?». «¡Si ella es la sabiduría, ruego a Dios que los ignorantes hereden la tierra!». Bajándose el ala del sombrero, el profesor dejó el lugar.

Un hecho importante del régimen de Obregón fue que los obreros estuvieron bajo el patronazgo del gobierno. Ya anteriormente los sindicatos habían intentado el respaldo del gobierno para sus demandas a las compañías extranjeras con el fin de lograr salarios más equitativos, especialmente en la industria petrolera y minera. Los mexicanos recibían un salario mínimo mientras que los trabajadores extranjeros gozaban de grandes privilegios. Apareció un nuevo líder sindical, Luis Morones, y comenzó a probar su fuerza. Un pacto no oficial entre el gobierno y los sindicatos se estaba preparando, y Obregón concedió derecho a la huelga a los agremiados al sindicato de Morones. Instituyó el domingo como día de descanso pagado, y para asegurarse el apoyo de los sindicatos ofreció puestos lucrativos a sus líderes, incorporándolos al aparato gubernamental. Los votos «comprados» de los sindicatos fueron un gran apoyo durante el largo régimen del Partido Nacional Revolucionario, el partido que surgió en 1929. Y hoy en día todavía los sindicatos gozan de impunidad y no rinden cuentas a nadie.

Si bien la reforma agraria no se llevó a cabo inmediatamente, la concesión de pequeñas parcelas, o ejidos, crearon una alianza por parte de Obregón y la población rural, que en los años venideros puso a los campesinos bajo el dominio total del gobierno. Uno de los adagios de Porfirio Díaz era: «Da un hueso a un perro y dejará de ladrar».

Una espinita que traía clavada Obregón era que, tras la muerte de Carranza, el presidente Wilson de Estados Unidos no había reconocido la legalidad de su gobierno, como ya habían hecho muchos países del mundo. Los inversionistas extranjeros que se dedicaban a la extracción del petróleo, los ferrocarriles, las minas, la electricidad y los bancos le mostraban una franca actitud hostil. Además, existían todavía bandas armadas que cometían saqueos, atropellos, y los sindicatos presionaban para un aumento en los salarios.

Obregón trató de ejercer presión judicial a los Estados Unidos. Utilizó su influencia sobre la Suprema Corte para conceder que el contrato de la Texas Oil Company había sido firmado previamente al artículo 27 de la Constitución de 1917, lo cual les otorgaba el derecho de explorar el subsuelo. Nuevas perforaciones doblaron la producción de petróleo. También se obligó Obregón a pagar la enorme deuda a los Estados Unidos, con lo cual se logró un acuerdo inmediato de amistad y comercio. En 1923 un cargamento de equipo nuevo llegó a México. Se agasajó a los inversionistas norteamericanos con una gran comida en el Castillo y se firmó el Tratado de Bucareli (39).

Durante la presidencia de Obregón se enmendó la Constitución para permitir un segundo término, tras una presidencia interina. En 1924 Plutarco Elías Calles tomó el gobierno. El acuerdo era que Calles devolvería a Obregón el mandato presidencial al final de su presidencia en 1928.

Calles era un general revolucionario elegido por Obregón. Era un líder fuerte y un buen administrador, más político que militar. Obregón había asegurado una fuerte alianza entre los sindicatos y el gobierno, por lo que Calles se concentró en sentar las bases de una economía que permitiera el crecimiento del país. Fundó el Banco de México, extendiendo el crédito a las industrias incipientes. Fundó también el Banco Rural para impulsar la agricultura. Abrió escuelas en los barrios de la clase trabajadora, promoviendo el deporte y cursos de oficios prácticos. Durante su gobierno se exploraron nuevos sistemas de irrigación y se construyeron muchos kilómetros de carreteras. Pronto las ciudades se llenaron de «fotingos», coches Ford baratos, lo cual permitió unir más a las familias. El México rural se empezó a transformar en un México de población urbana.

Calles fue el fundador de lo que sería posteriormente el PRI. Él «institucionalizó» la Revolución.

En 1927 Dwight Morrow, un banquero miembro de J. P. Morgan fue enviado a México como embajador de Estados Unidos. La mayoría de los embajadores anteriores habían tratado a los mexicanos como inferiores y no habían mostrado respeto por la soberanía del país. En vez de mostrarse indiferente o amenazador, Morrow logró inmediatamente la amistad de Calles. Para adular al pueblo invitó al coronel Charles Lindbergh a realizar una visita de buena voluntad a México. El vuelo de Lindbergh solo a través del Atlántico en 1927 lo había convertido en héroe internacional. En la embajada de México Lindbergh conoció a su futura esposa, la hija de los embajadores, Anne Morrow. Fue el embajador Dwight Morrow quien le encargó y le pagó a Diego Rivera pintar los famosos murales del Palacio de Cortés en Cuernavaca. Los Morrows habían comprado una casa en Cuernavaca y pasaban los fines de semana allí, pues sentían un gran afecto por México.

La amenaza de rotación entre Calles y Obregón causó levantamientos, violencia y asesinatos. Los políticos de cualquier tendencia querían compartir el poder. Se sabía que tanto los obregonistas como los callistas estaban acumulando grandes fortunas. Se dice que Morrow convenció a Calles de la importancia de institucionalizar la Revolución, es decir, convertir la Revolución en una institución, darle sustancia, significado y utilizarla para legitimar su presidencia y los gobiernos futuros.

En 1929 nació el PNR (Partido Nacional Revolucionario). Adoptó los colores nacionales e inmediatamente fue asociado con el Estado. Más adelante el nombre fue cambiado a PRI (Partido Revolucionario Institucional). La clase dominante se convirtió en la única heredera del futuro político y económico de México durante los próximos setenta y un años.

Se realizaban elecciones amañadas cada seis años para estimular la democracia.

El reto más importante que enfrentaba Calles era otra vez la Iglesia católica. Al haber sufrido la profanación de sus templos durante la Revolución, la Iglesia había perdido el control de la educación y la influencia en la cultura y la política, que ahora estaban en manos del gobierno. En 1926 la tensión se hizo insoportable. Calles persiguió a la Iglesia, decretó leyes imposibles de aceptar por un pueblo católico y envió a los sacerdotes y monjas al exilio. De 1926 a 1929 el grito de «¡Viva Cristo Rey!» se extendió por montañas y valles de los estados del centro y oeste de México, especialmente en Guadalajara y Michoacán.

Los rancheros pensaban que la reforma agraria era una amenaza y no una solución, y decidieron unirse a las guerrillas. Los católicos, particularmente los jóvenes profesionistas y las mujeres de la capital, formaron la Liga Nacional para la Defensa de la Libertad Religiosa, y ayudaron a armar las guerrillas. Muchas familias escondieron en su casa a sacerdotes y celebraron misas clandestinas allí. Los cristeros no tenían un ejército unificado, pero eran luchadores comprometidos, Calles sabía que la base de su poder era el Ejército. Aumentó el número de elementos y mantuvo al ejército federal contento a base de premios y privilegios. ¡La inestabilidad tenía que ser atacada a toda costa! Finalmente se llegó a una paz con los cristeros. El gobierno prometió no invocar todas las leyes anticlericales de la Constitución de 1917, y la Iglesia acordó no meterse en política. En 1928, justo antes de firmar este acuerdo, Álvaro Obregón había sido declarado el candidato oficial del PNR.

Un estremecimiento iba a sacudir a México. El 17 de julio de 1928, en una comida en su honor, un joven fanático católico se acercó a Obregón y le disparó. Murió de inmediato.

Según la Constitución, Calles no podía ser su propio sucesor. Rehusó enfáticamente extender su mandato o volverse a postular en el futuro. En su discurso a la nación declaró que cualquier partido político legalmente constituido podía convocar un congreso para proponer y elegir un presidente.

Reuniendo rápidamente un congreso, el PNR, con Calles a la cabeza, propusieron al general Emilio Portes Gil como presidente interino hasta las elecciones de 1929, y para calmar los temores de perpetuar a los obregonistas en el poder enmendó la Constitución y declaró que el mandato presidencial sería de seis años, sin reelección. Así ha permanecido hasta hoy en día.

José Vasconcelos, el carismático secretario de Educación bajo Obregón, fue propuesto por un grupo de intelectuales y políticos para candidato del antiguo partido de Madero, el Partido Antirreeleccionista. Hizo campaña por todo el país, formando clubes políticos, dando discursos en plazas de toros y en plazas de pueblo y ciudades, pregonando su incuestionable creencia en la justicia, las oportunidades y sobre todo en la educación. Prometió acabar con la corrupción y luchar por los salarios equiparables entre los mexicanos y los trabajadores norteamericanos. En su campaña de 1929 Vasconcelos también prometió a las mujeres el derecho a votar (40).

Como candidato del PNR Calles propuso al embajador mexicano en Brasil, Pascual Ortiz Rubio. Nadie lo conocía en México y sería un títere perfecto.

Cuando Calles se dio cuenta de que Vasconcelos iba tomando fuerza y que podía ganar, la máquina partidista comenzó a funcionar; los líderes vasconcelistas empezaron a desaparecer, los mítines fueron boicoteados, las luces de las plazas donde iba a hablar Vasconcelos se apagaban, y finalmente, a plena luz del día, Germán de Campo, un joven orador vasconcelista, fue acribillado a tiros en presencia de una multitud de testigos en la capital.

El día de las elecciones la ciudad apareció sitiada, algunos centros de votación misteriosamente aparecieron cerrados, cajas enteras de votos desaparecieron y se escucharon disparos durante todo el día.

Cuando todo terminó, Pascual Ortiz Rubio fue declarado oficialmente presidente, el ganador de la elección por millones de votos, y a Vasconcelos «le concedieron» doce mil. Esas fueron las primeras «elecciones» bajo el PNR.

Ortiz Rubio dimitió después de dos años. La creencia general fue que su familia lo obligó a dimitir tras un intento de asesinato. Pero los que conocían bien el sistema y podían leer entre líneas supieron que al tratar de probar su autoridad había despedido a dos de los elegidos por Calles. Al día siguiente se leyó en el periódico: «A causa de su mala salud, el presidente Rubio ha dimitido». El general Abelardo L. Rodríguez completó el periodo presidencial que finalizó en 1934. Un chiste contado por los taxistas a los turistas era: «Aquí es donde vive el presidente (señalando el Castillo), pero aquí el que manda es el de allá (señalando a una casa cerca del parque)». Esos seis años se conocen como el Maximato, y Calles era el jefe máximo.

De 1934 a 1940 Lázaro Cárdenas, otro protegido de Calles, se convirtió en uno de los presidentes más fuertes, polémicos y queridos. Se declaró socialista, no marxista. Al igual que Calles, era anticlerical y apoyaba una educación socialista en la que no se mencionara la religión. Declaró la libertad de cultos, apoyando el regreso de los protestantes.

Algunos historiadores lo consideran el último estadista revolucionario. Después de su presidencia, las promesas sociales y políticas revolucionarias fueron olvidadas. Cárdenas viajó por todo país para comprobar la situación de los pobres. Como auténtico socialista agilizó la reforma agraria, confiscó las grandes haciendas, ranchos y grandes terrenos heredados o conservados como inversión. Algunos extremistas llegaron a enarbolar la hoz y el martillo...

La joven Marian acababa de desayunar cuando oyó un martilleo de cascos proveniente del camino bordeado de árboles que conducía a la hacienda. ¿A quién habían invitado sus padres? En la cocina, la madre de Mariana, disponiendo con su cocinera el menú del día, también oyó los caballos. Miró extrañada. Un muchacho del establo llegó corriendo por el patio de la casa, chocando contra Mariana. «Son muchos», dijo sin aliento, «son revolucionarios». La madre, la hija y los sirvientes salieron y el patrón se les unió. El padre de Mariana se acordó de los «villistas» cuando galopaban hacia el rancho de su padre. Sabía quiénes eran estos jinetes: los elementos radicales del gobierno local que habían sido autorizados a emitir un decreto de expropiación. En una nube de polvo la brigada de caballistas frenó sus caballos. Llevaban un estandarte con la hoz y el martillo. Mariana observó al jefe bajarse del caballo y entregar un papel a su padre. «Su hacienda ha sido expropiada», anunció mientras miraba su reloj. «Tiene treinta minutos para recoger sus posesiones y dejar esta propiedad».

Durante su gobierno Cárdenas distribuyó ciento ochenta mil ejidos a los campesinos; un total de cuarenta y seis millones de acres. El Banco Rural dio préstamos a los agricultores, y para equilibrar el poder creciente de los sindicatos creó la Confederación Nacional Campesina.

La energía era otra de las preocupaciones de Cárdenas. Construyó enormes presas para electrificar los pueblos y crear más tierras irrigadas, especialmente en el norte siempre seco.

La ciudad de Monterrey estaba creciendo rápidamente y se estaba convirtiendo en un centro industrial. En el mundo cultural, el radicalismo era lo que prevalecía: Diego Rivera, David Alfaro Siqueiros y Clemente Orozco continuaban propagando el comunismo en sus murales, pero en el campus de la universidad los profesores preferían mantener a los socialistas a distancia. Creían en la libertad de expresión y en los asuntos religiosos. Cárdenas no se oponía a la práctica de una religión, sino al fanatismo que llevaba a la explotación de los pueblos.

Uno de los retos de Cárdenas era cómo eliminar de una vez por todas a los inversionistas extranjeros. El petróleo se había convertido en oro negro para ellos. Los mexicanos durante siglos habían recogido el producto de unos charcos que salían misteriosamente de la tierra: el petróleo. Vieron que se podía quemar y lo utilizaban en sus ceremonias. Bajo el dominio español se utilizó para calafatear los barcos y las Leyes de Indias declaraban el petróleo propiedad exclusiva de la Corona española.

A comienzos de siglo XX Edward Doheny, un texano, hizo brotar un surtidor de petróleo en Tampico. Los ingleses acudieron rápidamente al botín. Porfirio Díaz lo otorgó a las compañías petroleras extranjeras sin imponer impuestos por los derechos de explotación. El petróleo mexicano produjo enorme riqueza. Como almirante de la Marina Real británica, Winston Churchill había cambiado el combustible de la Marina de carbón a petróleo, alentando así la explotación del petróleo mexicano por los inversionistas ingleses. La primera guerra mundial comprobaría la superioridad del petróleo sobre el carbón.

En 1939 una huelga general paralizó la producción de petróleo. Los trabajadores mexicanos demandaron un aumento salarial y mejores condiciones de trabajo, privilegios de los que ya gozaban sus compañeros trabajadores extranjeros. Las compañías petroleras protestaron y se negaron a conceder sus peticiones. La situación se agravó y para probar que México era dueño de sus decisiones y que era su derecho constitucional el control de sus recursos naturales, en 1938 el general Cárdenas expropió las compañías norteamericanas y británicas. Gritos, acusaciones y amenazas surgieron inmediatamente, pero Cárdenas permaneció firme. Tras negociaciones febriles e inútiles las compañías petroleras desmantelaron sus plantas, refinerías, ductos, infraestructura, mapas, planos, diagramas y manuales. Fue negada la venta de contenedores. Además las compañías expropiadas organizaron un boicot al petróleo mexicano. El gobierno británico elevó una protesta tan fuerte que Cárdenas rompió relaciones. El presidente Roosevelt, por el contrario, reconoció el derecho de los mexicanos a expropiar las compañías extranjeras y sólo pidió una compensación justa.

Cárdenas se vio obligado a contratar con Alemania, Italia y Japón a cambio de maquinaria, justo al comienzo de la segunda guerra mundial. La tesorería estaba vacía y las negociaciones acerca de la compensación duraron varios años hasta que la compañía Shell y la Standard Oil de Nueva Jersey lograron un acuerdo con el gobierno mexicano. El pueblo de México apoyó unánimemente la expropiación, incluso la jerarquía de la Iglesia. La conmemoración del Día de la Expropiación es fiesta nacional.

Petróleos Mexicanos tuvo que comenzar de cero. Pemex, como se le llama, todavía es propiedad del gobierno y está subsidiado. Calles había comenzado el control gubernamental de la economía y ahora Cárdenas eliminó cualquier fuente extranjera y convirtió al gobierno en el principal proveedor de fondos para el control de la economía. Concedió a los líderes sindicales puestos importantes en la nueva administración de la compañía petrolera y su poder ha ido en aumento hasta nuestros días. Pemex se volvió, y todavía es, la mayor fuente de ingresos para el gobierno federal.

Cárdenas, con sentimiento humanitario, tendió su mano a los refugiados políticos izquierdistas. En 1937 abrió las puertas de México a expatriados de varias partes del mundo. León Trotsky era un aliado cercano a Lenin, pero cuando Stalin subió al poder fue enviado al exilio, perseguido, fue blanco de varios intentos de asesinato y expulsado de varios países de Europa. Diego Rivera abogó por él ante Cárdenas y este le permitió venir a vivir a México. A pesar del revuelo que causó esta decisión Trotsky llegó a México y llevó una vida tranquila hasta que fue asesinado por un extremista español en 1940.

En 1939 Cárdenas aceptó a varios miles de refugiados españoles, republicanos que buscaron asilo en México tras la victoria del general Francisco Franco en la Guerra Civil. Los mexicanos de derechas protestaron: «Ahora ha llegado a nuestras costas una ola de comunistas». Los republicanos se trajeron el oro y el tesoro de España y hasta ahora nadie ha dicho dónde quedó, a quién se lo dieron o qué hicieron con él. Informar sobre su paradero es una deuda de honor que aún no ha sido pagada por los republicanos, a pesar de que hace varias décadas que existe un gobierno democrático en España.

Muchos intelectuales, científicos, empresarios y trabajadores españoles que llegaron contribuyeron al desarrollo de México y posteriormente se les otorgó la nacionalidad mexicana.

Durante los primeros años de la presidencia de Cárdenas, Calles trataba de volver a ganar su posición de jefe máximo. Para evitar sus continuas apariciones, Cárdenas lo arrestó y lo puso en un avión con destino a Texas como desterrado. Calles dijo a la prensa: «Si el presidente ha decretado mi destierro, lo acepto». Los partidarios de Calles criticaron fuertemente a Cárdenas por haber sacrificado al hombre que lo había puesto en el poder. Desde Texas, Calles se fue a vivir a California, donde, según una nota de los periódicos norteamericanos de entonces, se reunió con José Vasconcelos, quien también vivía allí su exilio. Años más tarde Calles volvió a México y murió en su casa.

En las elecciones violentas y fraudulentas al finalizar del periodo de Cárdenas, la maquinaria partidista volvió a ponerse en funcionamiento. El último candidato legítimo de la oposición, el popular general Juan Andreu Almazán, fue aniquilado políticamente. La elección de Cárdenas había recaído en el general Manuel Ávila Camacho. El presidente había elegido ya a su sucesor. A partir de entonces se llamaría *el tapado* al candidato elegido y designado de antemano por el presidente saliente. La especulación acerca del candidato elegido producía alianzas políticas que a veces terminaban en fracaso al divulgarse el nombre del verdadero tapado cuando el partido se reunía para *elegir* a su candidato. Los que se habían equivocado y habían llevado a cabo alianzas con el candidato equivocado eran llamados *los quemados*, quienes no alcanzarían puestos importantes en el nuevo gobierno.

Durante los años de la guerra mundial, la reforma agraria se estancó al dar el gobierno preferencia a la economía. México firmó un tratado comercial con Estados Unidos para proveer de material estratégico para la guerra: petróleo, minerales y fibras fuertes a cambio de crédito para modernizar la economía.

Un México estable implicaba una frontera estable: un factor importante para Estados Unidos. Cuando empezó la guerra se llevó a cabo el programa Bracero: miles de trabajadores del campo y de las fábricas cruzaron la frontera legalmente, con un contrato renovable. También ingresaron a Estados Unidos gran cantidad de ilegales. Roosevelt denominó a esta nueva relación la política de buen vecino. Al final de la guerra se hizo evidente que México y

Estados Unidos debían tomarse en consideración mutua tanto en el aspecto económico como en el político.

Al incrementar las exportaciones de México se abrieron nuevos pozos petroleros y se construyeron caminos y carreteras. El Banco Rural continuó dando préstamos a los agricultores, pero los administradores corruptos se aprovecharon y lograron grandes ganancias.

«¡Aquí está, compadre! Me lo dio el Banco Rural a plazos». «¿Te lo dio?», interrumpió el compadre. «Bueno, vendí mis bueyes. Ya verás, con esta máquina en un ratito araré el campo y sembraremos cebollas para tener una de las primeras cosechas. ¡Vamos a ser ricos, compadre!» El compadre Nacho miró el tractor. «¿Pusiste todo tu dinero en esa máquina?... ¿Qué pasa si no llueve?».

Al terminar los años dorados de la segunda guerra mundial acabó también la era de los generales. Carranza, Obregón, Calles, Cárdenas y Ávila Camacho nunca pretendieron siquiera adoptar las reglas de la democracia (41).

Un cambio radical en la dirección política se produjo con la elección de Miguel Alemán, un abogado y general, en 1946. A partir de entonces comenzó una larga lista de abogados-presidentes.

Alemán pronto se dio cuenta de que existía un mundo exterior en proceso de reconstrucción tras los seis años de guerra. Carismático, enérgico, deseoso de poner a México en el plano internacional, comenzó a viajar al extranjero. Sabiendo que las inversiones extranjeras eran necesarias para el crecimiento de México, Alemán rompió con el grupo revolucionario y utilizó su personalidad para fomentar una economía en expansión favoreciendo la industrialización al mismo tiempo que favorecía las fortunas de sus amigos y la propia.

La población se había duplicado desde 1930 y una clase media demandaba atención del gobierno. Alemán donó un gran terreno para la construcción de la Universidad Nacional Autónoma de México y creó un campus moderno y atractivo con un estadio para practicar americano principalmente.

Con miras al turismo, Alemán limpió Acapulco, convirtiéndolo en la playa favorita del *jet-set* (42), y a la vez construyó un conjunto de magníficas residencias con vista a la bahía para su beneficio personal.

De todos los presidentes del PRI destacó Adolfo López Mateos. De 1958 a 1964, una era de bonanza se desarrolló durante su gobierno. La relación *especial* con los Estados Unidos continuó y las inversiones europeas crecieron. El crecimiento económico había creado una sociedad urbana cosmopolita cuyo poder adquisitivo provenía de sus pequeños negocios. López Mateos creó el Seguro Social, fomentó el acceso a la educación gratuita y editó libros de texto gratuitos, aunque escritos desde el punto de vista «oficial y revolucionario». En ellos se presentaba a Porfirio Díaz como un dictador malévolo, traidor a su patria, y Zapata y Villa eran héroes… Entre el legado de López Mateos sobresale la construcción del Museo Nacional de Antropología, considerado uno de los mejores museos del mundo.

Con la llegada de Fidel Castro a la escena latinoamericana en 1959, López Mateos supo mantener el equilibrio entre los conservadores y los liberales pro-Castro, durante todo el periodo de su gobierno. Bajo López Mateos el gobierno compró los intereses de las compañías extranjeras en el ramo de la energía. La Compañía de Luz y Fuerza, creada por Porfirio Díaz, todavía era propiedad de los británicos y canadienses. Aumentó el control gubernamental, con lo que dio lugar a airadas protestas de los industriales, sobre todo cuando las huelgas laborales eran apoyadas por el gobierno y los sindicatos ganaban más poder cada día. En el sector privado, una nueva generación de tecnócratas estaba obligando al gobierno a mirar más allá de su burocracia autocomplaciente.

La invasión de Estados Unidos en la bahía de Cochinos, en Cuba, provocó sentimientos y demostraciones antinorteamericanas en todo México. En la universidad, los estudiantes ondeaban banderas y llevaban pancartas y camisetas de su nuevo ídolo y mártir: el Che Guevara, muerto en Bolivia. La Guerra Fría había creado una gran brecha entre la izquierda y la derecha, y el movimiento izquierdista estaba afectando a gran parte de América Latina. México había podido superar los golpes militares endémicos en el hemisferio sur gracias al control del ejército por el PRI y a una economía estable. Las protestas eran sofocadas rápidamente por el ejército, con las consabidas desapariciones «inexplicables».

Para contrarrestar el naciente poder de la izquierda en México, López Mateos eligió a un conservador pro-Estados Unidos para sucederlo como presidente.

Gustavo Díaz Ordaz es recordado principalmente por haber permitido la matanza de estudiantes en 1968. Un levantamiento llevado a cabo por estudiantes en Francia fue la mecha que provocó otros en muchos países. El control de las escuelas de preparatoria en México por parte del gobierno inhibía la libre expresión y provocó una huelga de los estudiantes jóvenes. Los soldados ocuparon el campus de las escuelas y arrestaron a los líderes estudiantiles. Los estudiantes de la UNAM apoyaron inmediatamente la causa de los jóvenes y las manifestaciones contra el gobierno crecieron hasta que miles de jóvenes marcharon hacia el Zócalo y el Palacio Nacional exigiendo justicia, democracia y alto a la represión, pero cometiendo desmanes por las calles de la capital. La Ciudad de México hacía esfuerzos sobrehumanos por terminar los últimos detalles para los Juegos Olímpicos que se llevarían a cabo en octubre (43). La inversión de ochenta millones de dólares estaba en peligro al conocerse en el mundo los desórdenes que se extendían cada vez más. Los soldados ocuparon el campus universitario y después de dos meses de encuentros y peleas continuos entre el ejército y los estudiantes, en su discurso a la nación del 1° de septiembre el presidente prometió solemnemente que nada evitaría la apertura de la Olimpiada el 12 de octubre. El 2 de octubre, nueve días antes de que la llama olímpica se encendiera en el Estadio Universitario, los líderes estudiantiles convocaron a una manifestación masiva en Tlatelolco, el lugar llamado Plaza de las Tres Culturas. Miles de estudiantes partidarios se congregaron esa tarde. Se proponían retomar el casco de Santo Tomás. De repente un cordón policiaco rodeó la plaza apoyado por soldados armados. Cuando los líderes estudiantiles comenzaron a insultarlos, los soldados dispararon. Se dice que cientos de estudiantes fueron abatidos o arrestados. Los cadáveres desaparecieron rápidamente. Hasta hoy en día, la masacre de Tlatelolco no ha sido aclarada; todavía están pendientes de resolución en la Suprema Corte con las peticiones de las familias para saber el paradero de sus hijos o parientes desaparecidos. Tal vez unos hayan muerto en prisión, sin aparecer en las listas de las cárceles… Cuando se conoció esta horrible masacre, los mexicanos y el mundo se conmocionaron.

La palabra «Tlatelolco» se grabó profundamente en el alma de los mexicanos. Muchos consideran a Tlatelolco como el fin de una era. El PRI había mostrado su ineficiencia para tratar con las personas abiertas a ideas nuevas. El diálogo no existía en su vocabulario. El gobierno negó toda culpa y puso censura a la prensa. Algunos analistas creen que era el momento de desenmascarar la «democracia», enterrar el estandarte de la Revolución, reformar a Pemex con su corrupción rampante, y empezar un proceso real de educación donde se enseñaría al estudiante a razonar y pensar, no a aprender de memoria. Era el momento de enfrentar el problema de la pobreza y era el momento de analizar el papel del gobierno. Según Enrique Krauze, un historiador, escritor y analista político conocido internacionalmente, «Simular la democracia era secundario. El teatro se había hecho realidad. La máscara se había fundido con la cara». La farsa de democracia que presentaba el PRI se había representado durante muchos años. Los actores controlaban los boletos y compraban a los críticos de antemano. La libertad de prensa sólo era una línea que se pronunciaba en la obra. Una comedia que se representaba en pueblos y ciudades cada seis años: el público era transportado de una ciudad a otra para aplaudir al candidato y llevar más partidarios acarreados a la plaza principal. El premio era una fiambrera con algo de comida, y promesas y más promesas. Para aparentar ser un gobierno democrático el PRI concedía un asiento o dos al partido de oposición, el PAN (Partido Acción Nacional), el único legítimo.

La matanza de Tlatelolco debería haber sido el fin del teatro, pero «la máscara se había fundido con la cara».

Al finalizar este periodo de economía estable, 2 % de la población percibía casi la mitad del ingreso nacional, siendo los estados del norte los más favorecidos. El México rural se había convertido en un México semiindustrializado. La población había aumentado, los pobres se habían vuelto más pobres, resignados a las promesas huecas de «Papá gobierno» acerca de clínicas de salud, los pozos y más tierra. El analfabetismo era de 70 % y el salario de unos cinco dólares al mes.

Los siguientes dos periodos presidenciales, el de Luis Echeverría y el de José López Portillo (1970-1982), son páginas negras en la historia del PRI. Sus doce años de poder se conocen como la Docena Trágica, parodiando a la Decena Trágica, los diez días trágicos del levantamiento y traición que condujeron al asesinato de Madero.

Durante el gobierno de estos dos presidentes la inflación se disparó. Se imprimió dinero para crear la ilusión del bienestar y el dólar que se había mantenido a 12.50 pesos durante los últimos veintidós años subió repentinamente a 20 pesos en 1976 y siguió subiendo. Algo positivo de Echeverría fue que la inversión pública estuvo dirigida a mejorar los servicios de salud y la educación.

En 1973 Echeverría declaró a México como un país del tercer mundo y auspició el Congreso del Tercer Mundo. La palabra antiimperialista surgió con fuerza entre los grupos políticos de la universidad, los sindicatos y los intelectuales de izquierda. Los Estados Unidos eran los «imperialistas» culpables de todos los males de México. Cuando la Organización de Estados Americanos rompió relaciones con Cuba y expulsó a Fidel Castro, México se abstuvo de votar y mantuvo relaciones con Castro; incluso regaló un tercio del terreno perteneciente al Conservatorio Nacional de Música de la Ciudad de México para construir el enorme edificio de la Embajada de Cuba.

Cuando en Chile se produjo la caída del régimen izquierdista de Salvador Allende, por un golpe de Estado militar, Echeverría recibió a miles de refugiados de aquel país y de otros regímenes militares de países sudamericanos. ¡Para ellos México fue un paraíso!

El descubrimiento de enormes depósitos de petróleo en el suroeste fue la salvación. El precio del barril de petróleo subió de 3 dólares en 1970 a 35 dólares en los próximos años. Esto salvó al gobierno de Echeverría del caos económico.

Cuando José López Portillo en 1976 tomó el poder, presumió de que todos los mexicanos deberían participar en el *boom* del petróleo y que el único problema de México era ¡cómo administrar la abundancia!

De repente en 1981 el precio del petróleo cayó estrepitosamente y los intereses de la deuda se incrementaron. El gobierno se vio obligado a disminuir el despilfarro. El presidente declaró que defendería el peso «como un perro», pero el peso se devaluó de 26 a 70 por dólar y la inflación subió casi al 100 %. Además, congeló las cuentas en dólares, creando malestar, incertidumbre y conmoción. Los mexicanos se despertaron un día con la noticia de que los bancos habían sido nacionalizados. Los salarios cayeron y el desempleo aumentó. Los vendedores ambulantes se apropiaron de las calles del centro de la ciudad, ocupando plazas y aceras. Miles de mexicanos, incluyendo profesionistas, comenzaron a cruzar hacia Estados Unidos ilegalmente en busca de trabajo. El PRI no hacía nada mientras la policía, corrupta, demandaba mayores mordidas (sobornos) o se pasaban a las bandas de narcotraficantes, que iban en aumento.

Hacia el final de su gobierno, López Portillo y sus amigos construyeron un enorme complejo de casas de lujo, incluyendo la suya propia, en una reserva federal, propiedad del Gobierno, para su familia en lo alto de una colina en el oeste de la Ciudad de México. Los mexicanos irónicamente la llamaron la Colina del Perro.

La crisis financiera de 1982 comenzó a agrandar las fisuras del sistema político y a enfocar la atención del mundo financiero sobre México. Si México declaraba una moratoria al pago de su deuda externa repercutiría en los mercados internacionales. La imagen de un México inestable y corrupto empezó a presentarse en la prensa. El flujo de inmigrantes y la corrupción empezaron a preocupar a los Estados Unidos. El presidente Ronald Reagan buscó la manera de ayudar a México a evitar la crisis financiera y renegociar su deuda sin ejercer presión en cuanto al tiempo límite para pagarla. Sin embargo, presionó a México sobre la ineptitud.

Para resolver el problema del tráfico de drogas, el problema de la inmigración y el incremento de la corrupción en las fuerzas policiales, el PRI no hizo nada. Pasar sus problemas a su sucesor, para no cargar con la responsabilidad, fue el *modus vivendi* del presidente al final de sus seis años de gobierno.

Miguel de la Madrid, que sucedió a López Portillo, recibió un país en ruina económica y moral. Su lema de campaña había sido «Renovación moral de la sociedad». Como economista con una maestría en Harvard pensaba que un sistema más eficiente haría más difícil la práctica del soborno y ayudaría a la economía. Lo primero que debía enfrentar era el problema de la corrupción en la policía y el abuso de poder que había permitido López Portillo. De la Madrid arrestó al jefe de la policía y encarceló al director de Pemex. La opinión popular pedía que se arrestara también a López Portillo, para restaurar la fe en la presidencia. Pero el «Presidente Imperial», como le denomina el historiador Enrique Krauze al presidente del PRI en turno, era intocable e inmune, al igual que el resto de la «familia real», secretarios y congresistas. Todos se quedaron vegetando durante el periodo de Miguel de la Madrid.

Los discursos del Día de la Revolución sonaban huecos. El México moderno estaba despertando. Una terrible explosión en un gasoducto mató a docenas de personas y destruyó una gran área, sacando así a la luz la falta de mantenimiento que existía en Pemex. El sindicato también era intocable…

En 1985 un fuerte terremoto destruyó gran parte de la Ciudad de México. El presidente De la Madrid actuó con lentitud e ineptitud al tomar medidas. Su primera declaración fue: «No necesitamos ayuda del exterior, manejaremos esta catástrofe nosotros mismos». Los ciudadanos respondieron espontánea e inmediatamente; ricos y pobres, jóvenes y ancianos formaron grupos cívicos y los equipos de rescate se pusieron a trabajar. Nadie esperó a que «papá gobierno» empezara a actuar. La confianza en él estaba llegando a su fin.

Para aumentar los problemas de De la Madrid, Cuauhtémoc Cárdenas, hijo del expresidente Lázaro Cárdenas, abandonó el PRI y formó un nuevo partido de izquierda, el Partido de la Revolución Democrática (PRD). Otros priistas quemados y de tendencia izquierdista desertaron con él y lo apoyaron.

De la Madrid eligió a un tecnócrata joven, Carlos Salinas de Gortari, un economista, para sucederlo en la presidencia. Hubo grandes protestas de la vieja guardia del PRI, pero fueron acalladas poco a poco. El respeto al presidente era la ley del PRI. Cuauhtémoc Cárdenas llevó a cabo una campaña vigorosa y fue considerado por muchos votantes como ganador. A diferencia de otras elecciones en las que el público no se molestaba en votar, esta vez había cola de votantes antes de que abrieran las casillas. Nuevas computadoras se habían instalado para contar los votos. Por la tarde parecía que Cárdenas iba a ganar. De repente, se anunció que «se había caído el sistema de cómputo». A la mañana siguiente, De la Madrid declaró a Carlos Salinas vencedor. ¡La maquinaria partidista todavía funcionaba!

La subida al poder de Carlos Salinas trajo un nuevo enfoque hacia la economía y la visión del mundo. Con la caída del Muro de Berlín en 1989 cayeron también los países socialistas del Bloque del Este de Europa. El Estado soviético socialista que había nacido en la Revolución Rusa de 1917 se desintegró. El marxismo había fracasado irremediablemente, y con él, el socialismo.

Reconociendo que existía un vacío en México al haber cortado las relaciones con la Iglesia, Salinas trató de restablecerlas con el Vaticano. En la tercera visita oficial del papa Juan Pablo II, aclamado por la multitud en México, Salinas dio la bienvenida oficial al pontífice, con el debido protocolo oficial. Antes de este momento, por decreto, el presidente no tenía permiso de participar en ceremonias religiosas oficialmente (44).

Salinas estaba listo para reformar completamente el sistema económico. Hombre inteligente y manipulador, utilizó su puesto de presidente para hacer realidad sus propuestas, a veces por decreto presidencial.

La palabra *neoliberalismo* entró en escena. Era imprescindible la reforma del mercado y Salinas puso muchas compañías propiedad del gobierno, incluyendo los bancos, en subasta internacional, pero prevaleció la corrupción y el despilfarro. Desafió a los sindicatos metiendo en la cárcel al líder más corrupto y poderoso de Pemex: la Quina. Para atacar el problema de la pobreza, siempre en efervescencia, cambió la Constitución para que los ejidatarios fueran dueños de sus parcelas (45). Hasta entonces la tierra podía ser utilizada por la familia del campesino a perpetuidad mientras trabajara la tierra, pero el campesino no tenía título de propiedad y su ejido era una pequeña parcela de tierra para alimentar a su familia en crecimiento. Salinas pavimentó los caminos de los pueblos, construyó miles de kilómetros de carreteras, miles de escuelas y hospitales, perforó pozos de agua potable y llevó la electricidad a las comunidades rurales. Puso fin a la reforma agraria, que había sido utilizada más como instrumento de control que como solución al problema.

Aunque era leal al PRI, Salinas tenía un estilo nuevo de gobernar. Mirando hacia el norte, trabajó y convirtió en cruzada personal lograr un acuerdo de libre comercio con Estados Unidos y Canadá que eliminara tarifas entre los tres países y uniera al hemisferio norte. Después de acalorados debates, el Acuerdo de Libre Comercio fue ratificado por el Congreso de Estados Unidos en 1993. En 1996 México ingresó a la Organización Mundial de Comercio, abriendo su mercado a la comunidad internacional. Salinas presumió entonces de haber convertido a México en un país del primer mundo y parte de la población sintió un enorme orgullo.

Durante la presidencia de Salinas la inflación llegó a alcanzar cifras catastróficas. Por decreto presidencial Salinas eliminó tres

ceros a la moneda nacional. Los pobres vendedores en los mercados se sintieron todavía más pobres. Estaban acostumbrados a los
billetes de cien, quinientos y mil pesos por sus verduras, frutas,
carne y flores y ahora recibían solamente unas monedas por sus
productos. Sus millones en papel moneda se había convertido en
algo sin valor. El dinero comenzó a salir del país ante la inseguri-
dad, y las inversiones y cuentas corrientes fueron retiradas de los
bancos. La esperanza de Salinas de una economía estable había
rebotado y su primer mundo estaba de nuevo en situación caótica.

Una sombra pesa sobre Salinas personalmente: el asesinato de
Luis Donaldo Colosio, elegido su sucesor y asesinado en campaña.
Poco después un excuñado de Salinas y miembro importante del
PRI, José Ruiz Massieu, fue asesinado en su automóvil, y el herma-
no de Salinas, Raúl, fue acusado de estar implicado en tráfico de
drogas con millones de dólares depositados en un banco de Suiza.

Al inicio del siguiente gobierno un grupo de guerrilleros se
levantó con el grito de «¡Ya basta!» en la región de Chiapas, al
mando de un enmascarado: el subcomandante Marcos, supues-
tamente un profesor de una universidad en la Ciudad de México.
Autodenominándose zapatistas, la televisión mostró a guerrilleros enmascarados y armados amenazando al gobierno; Salinas
decidió pasar este problema a su sucesor.

Tras esfuerzos vanos por limpiar su nombre de tanta sospecha
Carlos Salinas salió de México al final de su gobierno y se fue a
vivir a Irlanda.

En 1994 México era un país en bancarrota con robos, homici-
dios y secuestros en las ciudades. Los traficantes de drogas habían
comenzado a penetrar también en las escuelas.

Diez años de inestabilidad económica habían aumentado el número de chozas en las montañas que circundaban a la Ciudad de
México, convirtiéndola en una ciudad de veinte millones de habitantes. El tráfico obstruía calles y carreteras. El tráfico de drogas se infiltraba en la frontera. El Acuerdo de Libre Comercio no
había traído la bonanza al México rural ni había creado los puestos de trabajo esperados. La tierra, erosionada tras décadas de

métodos agrícolas inadecuados, no producía siquiera el maíz indispensable para las tortillas, alimento base en la dieta del pueblo. Cargamentos de maíz barato subsidiado por Estados Unidos hicieron aún más difícil para los agricultores sufragar su costo de producción. Muchas de las parcelas se quedaron ociosas pues los padres e hijos preferían cruzar la frontera ilegalmente en busca de trabajo para el sustento de sus familias. Este era el panorama cuando Ernesto Zedillo tomó el poder en 1994.

Zedillo era un hombre pragmático que no había sido elegido para ser presidente. Había encabezado la campaña del candidato asesinado y había visto de cerca los problemas de México. A pesar de recibir un México en crisis, el pueblo comenzó a ver en él a un presidente que iba a gobernar para el interés de la nación. Cuando iba a acabar su mandato, Zedillo decidió que era hora de respetar el voto del pueblo. Los «dinosaurios» del PRI estaban furiosos y lo instaban a utilizar cualquier cantidad de trucos fraudulentos en las elecciones. Viendo la fila de votantes más numerosa en la historia, Zedillo esperó hasta el cierre de las urnas y el conteo de los votos. Mirando de frente a las cámaras de televisión, el último presidente del PRI anunció la victoria de Vicente Fox, el candidato de la oposición, el PAN, por un margen convincente.

Se considera a Ernesto Zedillo como el presidente de la transición hacia la democracia. Durante setenta y un años la maquinaria electoral del PRI había operado manipulando su dinámica perpetua, nombrando gobernadores, presidentes municipales, senadores y diputados. El Congreso era un títere del presidente, y el Poder Legislativo, el servidor del Ejecutivo. La familia revolucionaria era la primera en la jerarquía. Los que estaban de acuerdo con el presidente tenían garantizado un buen puesto en el gobierno. Podrían pasar de ese puesto a embajador de un país importante o a gobernador de un estado. El PRI protegía a las grandes industrias; no se inmiscuía en los asuntos de la Iglesia; controlaba al Ejército, los sindicatos y los campesinos. Tenía mayor autoridad central que el teocali azteca o el virrey español que había existido en las raíces de México.

El sistema del PRI, unipartidista, fue descrito por el escritor Mario Vargas Llosa como «la dictadura perfecta».

El año 2000 terminó el reinado de los «presidentes imperiales».

Conclusión

La mayoría de los mexicanos están de acuerdo en que el PRI, a pesar de sus muchos errores, aportó una contribución importante a la nación durante setenta y un años, pues mantuvo la paz y creó estabilidad. Los levantamientos eran sofocados inmediatamente, la paz por medio de la fuerza mantenía la estabilidad y los mexicanos estaban deseosos de lograr un respiro a tanta revolución. Durante su largo régimen, el PRI construyó miles de escuelas, miles de kilómetros de carreteras, reparó y construyó caminos, aumentó y mejoró comunicaciones, se incrementaron las clínicas y hospitales del Seguro Social y el analfabetismo cayó 15 %. Sin embargo, hoy en día los pobres todavía representan más de 50 % de la población y los problemas básicos se mantienen aún vigentes.

En retrospectiva, hay infinitos *deberían* y *podrían haber hecho*. Se acusa al PRI de no haber atacado a los cárteles de la droga. Con el control omnipotente que poseía podía haber suprimido su crecimiento. Debería haber mejorado la calidad de la educación en lugar de servir al sindicato de maestros. Podía haber pasado legislación para ayudar a evitar la corrupción en el gobierno y la policía. Debería haber enfrentado al poderoso e intocable sindicato de Pemex. Podría haber invertido en mejorar el campo, evitando así la huida de emigrantes a los Estados Unidos. Sin embargo, la lealtad al partido se sobreponía al interés nacional. No existía un plan a largo plazo; el PRI nunca miraba más allá de los seis años presidenciales. La corrupción se infiltraba en todas las oficinas de gobierno y en la sociedad civil, una situación de connivencia que convenía a ambas partes. Cualquier persona podía salir de una situación a base de *mordidas* (sobornos). Un viejo chiste definía la ley como una vara que se podía doblar, torcer, romper y descartar cuando fuera necesario. La actitud del ciudadano era anteponer sus intereses a las propias leyes. Si no le convenía, ¿para qué acatarlas?

El ciudadano mexicano todavía no confía en el gobierno. Ser elegido político es considerado como el camino más rápido hacia la riqueza. Saben que el compadrazgo y la camaradería aglutinan los partidos. Pero se empieza a vislumbrar una nueva actitud. Con la televisión, el internet, los blogs y la tecnología moderna, el pueblo está mejor informado y busca conocer por sí mismo. En lugar de descartar un problema con el tradicional «así es», muchos están diciendo ahora: «hasta aquí».

México ha vivido muchas crisis a lo largo de su historia. Sin confianza o fe en el gobierno o en la ley, el mexicano se encierra en su hogar. Ve la última crisis nacional con cierto desgano y fatalismo, con un modo de *laissez faire* pues sabe que eso también pasará.

La familia es la que proporciona la estabilidad en México. La familia acoge al primo sin trabajo, a la tía «quedada», a la anciana, a la viuda, a la madre soltera. Las abuelas cuidan a los niños de las madres que trabajan. Las mujeres son el eje de la familia, y con el flujo de inmigrantes que cruzan la frontera, hoy más que nunca las mujeres se han hecho cargo de la situación. Y no solamente las mujeres en los pueblos o en el campo. Mujeres de la ciudad, educadas, mujeres en el mundo de los negocios, mujeres en todos los niveles de la vida del país se unen para formar grupos cívicos y encontrar soluciones a los problemas locales. La mujer mexicana se ha deshecho del manto de martirio y sumisión, y ha hecho oír su voz, promoviendo así la unidad comunitaria y la confianza en sí misma, incluso en las comunidades indígenas.

Hoy en día México está gobernado por un gobierno democrático, elegido libremente, pero aún frágil, sus raíces apenas están tomando fuerza. Persisten las acusaciones de fraude en la elección de Felipe Calderón, presidente de 2012 a 2016, también miembro del partido PAN.

Se ha criticado mucho al presidente Fox, el primer presidente de la oposición que tomó posesión en el año 2000. Sin embargo, la transparencia y el diálogo son avances innegables. Cada entidad y cada individuo del gobierno, hasta el de más bajo nivel municipal, tiene que rendir cuentas. El público tiene acceso a la información y a los documentos gubernamentales. El nuevo lema del partido es *transparencia*, aunque esto no se ha podido lograr completamente y continúan los casos de impunidad.

El presidente Felipe Calderón ha logrado pasar una legislación importante y el Congreso con su multipartidismo está aprendiendo a debatir los asuntos. Pero la palabra *corrupción* aún se oye entre el público, y el partido que perdió la elección, el PRD, no ha dejado de gritar *¡Fraude!* y bloquear la tribuna cuando se imponen.

En su libro *Vecinos distantes*, Alan Riding escribía: «Probablemente no existen en el mundo dos países tan diferentes como México y los Estados Unidos viviendo uno junto al otro... Probablemente no hay en el mundo dos vecinos que se entiendan tan poco...».

Hoy en día un gran peligro se cierne sobre la frontera: las batallas y la violencia de los cárteles de la droga y el problema sin resolver de la inmigración. Estos cárteles utilizan a México como el camino más corto para el enorme mercado que representa la droga en los Estados Unidos, y al mismo tiempo, al haberse atrincherado en México, están desarrollando un creciente mercado local. Se necesitaría la cooperación total de Estados Unidos y México, en un nuevo enfoque conjunto para ganar esta batalla. La base de esta cooperación deberá ser la confianza mutua.

Durante demasiado tiempo los norteamericanos han considerado a los mexicanos vecinos incompetentes e indignos de confianza, y los mexicanos han visto a los norteamericanos como oportunistas interesados solamente en obtener ventajas. Hoy en día ambos se necesitan.

Benito Juárez nació en una aislada sierra y llegó a ser figura importantísima en la historia de México; fue el presidente que creyó y practicó la autoridad de la ley, el indio zapoteca que a través de la educación se elevó y se convirtió en el incorruptible y ávido defensor de una Constitución que defendía con su vida. Juárez representa una imagen y un rayo de luz. Asimismo, generaciones de mexicanos que no aparecen en los libros, ricos y pobres, han contribuido con trabajo y perseverancia a crear esta patria.

Si México continúa con paso firme en el nuevo camino que ha emprendido, con trabajo y perseverancia, un Fuego Nuevo forjará la gran nación que debe ser: el líder de América Latina.

Notas explicativas

(1) La ciudad-Estado se denominaba *altépetl.*

(2) Los arqueólogos siguen investigando las causas de la desaparición de ese suntuoso centro ceremonial.

(3) No es seguro que fuera una serpiente, era el símbolo del agua y el fuego.

(4) Los indígenas que dominaron el altiplano de la tribu de los mexicas, tenochcas o culhuas fueron llamados aztecas erróneamente por los españoles, porque se decía que habían emigrado de Aztlán, un lugar mítico en el norte de México. Utilizaré el nombre de *aztecas* por ser conocidos así universalmente.

(5) Seguramente la erupción del volcán Popocatépetl.

(6) El nombre correcto de este pueblo es *purépechas.* Tarasco fue otro error de nombre debido a los españoles.

(7) Moctezuma II, Xocoyotzin, noveno Huey, tlaotani (emperador).

(8) Los presagios fueron un modo de explicar lo inexplicable.

(9) El primer libro que llegó a México fue un *Libro de Horas,* en Yucatán.

(10) La leyenda de la Llorona todavía persiste en México y algunos aseguran que aún oyen su llanto en las noches.

(11) No quemó sus naves, sólo las desmanteló.

(12) El oro era el «excremento de los dioses» y tenía un valor ritual, no económico.

(13) Una hermosa estatua de Cuauhtémoc se levanta hoy en la avenida principal de la Ciudad de México, el Paseo de la Reforma.

(14) Era un proceso en una sola dirección, pues hacia Europa solamente llevaban a turcos y esclavos.

(15) Erróneamente llamado así. Era el imperio de los quechuas y los aymaras. Inca era un cargo, un señor o jefe principal.

(16) La esclavitud de los indios fue prohibida desde el testamento de la reina Isabel la Católica, en las Leyes Nuevas.

(17) No todo fue destruido y mucho del mundo indígena permaneció. Uno de los cargos contra Cortés en su juicio de residencia fue que los indios lo querían y buscaban su protección.

(18) Los cuadros o pinturas de castas fueron producto de la Ilustración (siglo XVIII), en donde se clasificaban plantas, animales y seres humanos.

(19) Un siglo más tarde, los limones se racionaban a los marineros de los barcos ingleses por decreto, de ahí el origen del apodo Limey.

(20) Desde 1571 se alcanzó el tornaviaje a Oriente. Por Acapulco, San Blas y otros puertos se mantenía el contacto con el Oriente.

(21) *Criollo* en esa época significaba nacido criado y nutrido en tierra americana.

(22) Hidalgo lo explicó en una carta desde Celaya en noviembre de 1810. Se había perdido mucho parque, muchos habían desertado y además se acercaban las fuerzas de Félix Calleja y de Manuel Flon.

(23) Durante los once años de la Guerra de Independencia, el virrey español todavía estaba en el poder.

(24) En 1824, cuando se deslindaban las fronteras territoriales, México se apropió el Soconusco, una porción de Guatemala, declarando que pertenecía a Chiapas.

(25) El emblema masónico se puede ver a la entrada de las oficinas del Palacio Nacional.

(26) Poinsett dio el nombre a la flor mexicana de nochebuena, conocida como poinsetia.

(27) Fort Brown dio origen a la ciudad de Brownsville, al otro lado de Matamoros.

(28) Estados Unidos presionaba a Santa Anna para que vendiera más territorio, pero él sólo aceptó la venta de La Mesilla para el pase del ferrocarril.

(29) La Santa Sede dio permiso de que juraran la Constitución para no perder el empleo. Les pedía solamente que en su fuero interno no la aceptaran.

(30) Hoy en día la mayor parte de las parejas se casan en una ceremonia civil y en otra religiosa. La Iglesia sólo tiene derecho de bendecir el enlace y ni siquiera es propietaria del edificio en que se asienta.

(31) Las Leyes de Reforma se anexaron a la Constitución durante la presidencia de Lerdo de Tejada (1872-1876).

(32) Primero reconocieron al gobierno de Zuloaga, pero al rechazar este la venta de más territorio del indicado en el Tratado de McLane-Ocampo, se inclinaron por Juárez.

(33) En 1861 apareció en la prensa francesa el término "América Latina". Francia, ausente de América, quería fortalecer la cultura latina en este continente.

(34) Hoy en día este edificio único del siglo XVIII alberga la tienda Sanborns original.

(35) Del libro *A la sombra del ángel*, de Kathryn S. Blair.

(36) Zapata utilizaba el lema «La tierra es de quien la trabaja».

(37) Del libro *A la sombra del ángel*, de Kathryn S. Blair

(38) Se dice que Pancho Villa obligó a un sacerdote a punta de pistola a casarlo varias veces, para hacer que la mujer en turno se sintiera bien. No fumaba ni bebía, pero sus vicios eran las mujeres y el helado.

(39) Por este acuerdo México dependería por generaciones de la industria de Estados Unidos. Se concidera nefasto este tratado que firmó Obregón.

(40) La mujer mexicana obtuvo el derecho al voto en 1953.

(41) Los descendientes de estas «familias revolucionarias» todavía son la élite adinerada de México.

(42) Hoy en día Acapulco es lugar de vacaciones para la clase media mexicana, y una supercarretera ha acortado el viaje desde la Ciudad de México, a unas tres horas y media.

(43) Los Juegos Olímpicos se inauguraron a tiempo y México fue aplaudido internacionalmente por su magnífica organización.

(44) Cuando el presidente Kennedy y su esposa visitaron México en 1962, el presidente López Mateos no los acompañó a la misa especial en su honor en la Basílica de Guadalupe.

(45) Ello provocó el acaparamiento de tierras y el dominio de grandes extensiones de terreno por compañías extranjeras. El artículo 127 de la Constitución se vio rebasado.